DEVO

DE 3 MINUTOS
para niños

90 lecturas emocionantes para
hombres en construcción

BARBOUR
ESPAÑOL
Un Sello de Barbour Publishing

Desarrollo editorial: *Semantics, Inc.* semantics01@comcast.net

Publicado por Barbour Español, un sello de Barbour Publishing, Inc., 1810 Barbour Drive, Uhrichsville, Ohio 44683

Nuestra misión es inspirar al mundo con el mensaje transformador de la Biblia.

Member of the
Evangelical Christian
Publishers Association

Impreso en Estados Unidos de América

00084 0721 SP

Introducción

¡**Tu** vida es tan ajetreada! La escuela, los amigos, el deporte y las actividades familiares. No siempre se encuentra tiempo para sentarse a leer. ¡Esto es precisamente lo que convierte este devocional en una idea genial! Estas breves lecturas de tres minutos te proporcionarán toda la sabiduría que necesitas antes de ir a la escuela o a jugar. ¡Y en un momento aprenderás mucho sobre ti mismo y sobre Dios!

Primer minuto: Reflexiona sobre la Palabra de Dios. Segundo minuto: Lee la aplicación a la vida real y el estímulo para que te conviertas en un hombre de Dios. Tercer minuto: Ora.

Por supuesto, estos devocionales no pretenden sustituir la lectura regular de la Biblia. Son, tan solo, un divertido inicio para ayudarte a formar la costumbre de pasar tiempo con Dios cada día.

*Tu palabra es una lámpara que guía mis pies
y una luz para mi camino.*
SALMOS 119.105 NTV

Dejando a un lado las enseñanzas elementales acerca de Cristo, avancemos hacia la madurez.

HEBREOS 6.1 NVI

Una verdad indudable

Yo soy el camino, la verdad y la vida —le contestó Jesús—. Nadie llega al Padre sino por mí.

JUAN 14.6 NVI

El sol salió esta mañana. La comida proporciona alimento a nuestro cuerpo. Las flores no crecen en cubos de pintura.

Si estas te parecen cosas que todos deberían saber, estás en lo cierto. Son, todas, declaraciones veraces, pero algunos piensan que cada persona puede elegir lo que es verdad en su propia opinión. Tal vez te parezca que no tiene sentido creer que el sol no salga nunca, pero se nos indica que si alguien lo cree de verdad, en su opinión será así aunque estemos al sol y busquemos una sombra.

Se suele usar esta idea para afirmar que Dios no es real, que Jesús fue tan solo un buen hombre y que no existe el cielo.

Jesús aseveró que Él es el único camino a Dios, que Él ofrece vida real y que la verdad absoluta procede de Él.

Cuando las personas confiesan no creer en Dios, en realidad esta afirmación no altera nunca la *verdad* de que Dios tiene el control, ama a las personas y quiere rescatarnos a cada uno de nosotros de las elecciones pecaminosas.

La Palabra de Dios está llena de verdad. Léela. Créela. Vívela.

Amado Dios, tú quieres que yo crea que tú eres la verdad. De no saber si estás mintiendo o no, sería difícil de aceptarte. Tus palabras son veraces y se puede confiar en ellas cada minuto de cada día. Ayúdame a creer siempre que tú eres el Creador de la verdad indudable. Amén.

Un plan para la victoria

Pues todo hijo de Dios vence a este mundo de maldad,
y logramos esa victoria por medio de nuestra fe.
1 JUAN 5.4 NTV

¿Qué se te da bien? ¿El monopatín, los videojuegos, el ping-pong?

Todos tenemos habilidades. A veces ganamos un trofeo, una placa o un lazo por ser el primero en lo que hacemos. Estos galardones se exhiben, se retratan y se crean recuerdos.

Lograr algo realmente especial exige mucho esfuerzo. En ocasiones esto significa levantarnos temprano, entrenar más y sudar un poco.

Dios quiere que consigamos una cosa por encima de todas las demás. Podría querer que nos levantemos temprano, que nos entrenemos a fondo y que gastemos energía.

Cuando juegas al baloncesto no puedes ganar un partido sentado en el banquillo. Cuando participas

en la copa escolar, fracasarás si no estudias nunca. Cuando vives para Dios no puedes crecer negándote a seguir las normas.

A nuestro alrededor siempre hay quien no desea que tengamos éxito. Prefieren que nos decantemos por las malas elecciones. Pretenden que perdamos interés en aquello que Dios quiere.

La única forma de poder ganar es creer que podemos confiar en el plan de Dios para nuestra vida, que su verdad debe seguirse y que cuando obedecemos somos más como Él.

Señor, tú quieres que gane. Mi mayor logro consiste en permitir que tú me ayudes a derrotar los planes malignos de mi enemigo para mí. Gracias por ofrecer un plan victorioso. Amén.

¡No me tires abajo!

El justo es guía de su prójimo,
pero el camino del malvado lleva a la perdición.
PROVERBIOS 12.26 NVI

Imagina que estás sobre una silla mientras un amigo está de pie delante de ti, en el suelo. A la voz de «¡ya!», intentas tirar de él para que suba a la silla, mientras que él a su vez jala de ti con la misma fuerza para derribarte al suelo. ¿Quién crees que ganará?

¿Te has percatado alguna vez de cómo puede cambiar nuestra personalidad cuando nos encontramos entre ciertas personas? Tu forma de actuar en medio de tu familia difiere probablemente de cómo te comportas con tus amigos. Todos queremos encajar, ser como nuestras amistades. Y nuestra primera respuesta es imitar su conducta, sea buena o mala. Cuando un amigo elige mal, nosotros también nos vemos arrastrados a malas decisiones.

La Biblia nos indica que elijamos a nuestros amigos con sabiduría, porque las malas compañías pueden provocar que hagamos cosas que sabemos incorrectas. Como en el ejercicio de la silla, es más fácil que un mal amigo nos tire y consiga que le sigamos a que logremos hacer subir a otro y que siga el bien.

Si están tirando de ti para que caigas, ¡aférrate! Pídele ayuda a Dios, y Él te acercará más a sí.

Señor Jesús, te ruego que me envíes buenos amigos. Ayúdame a ser un buen amigo que levante a los que me rodean, y no un mal amigo que haga caer a otros., Gracias por ser mi buen Amigo. Amén.

¿Con quién nos juntamos?

*Soy amigo de todo el que te teme, de todo
el que obedece tus mandamientos.*

SALMOS 119.63 NTV

Los amigos son algo maravilloso. Te escuchan, disfrutan con las mismas cosas que tú y es divertido salir con ellos.

Dios siempre ha querido que seamos cordiales con todos. Él inventó el amor, de manera que tiene todo el sentido que nos preocupemos por los demás, pero esto no significa que todos los amigos hayan sido creados del mismo modo.

Algunos quieren que hagamos cosas que, a ciencia cierta, entristecen a Dios. Otros creen que está bien que sigas a Dios, pero ellos no están por la labor. Y los hay que también quieren conocerle.

Deberíamos pasar más tiempo con otros que amen a Dios. Queremos rodearnos de amistades que

quieran estar cada vez más cerca de Él y que deseen que crezcamos con ellos.

La Palabra de Dios señala que deberíamos encontrar amigos que nos edifiquen en nuestra fe. Nuestras mejores amistades tendrían que ser aquellas que nos alienten a seguir a Dios, para que cuando *cometamos* errores, nos ayuden a corregir nuestro comportamiento cuanto antes.

Tal vez tú podrías ser hoy esa clase de amigo para alguien.

Padre celestial, tú quieres que escoja sabiamente a mis amigos más cercanos. Es importante para ti que halle amistades que te aman a ti por encima de todo. Ayúdame a ser esa clase de amigo para otra persona. Si todavía no lo he conseguido, ayúdame a lograrlo.
Amén.

Eres un guía turístico

Ustedes... son un pueblo elegido... posesión
exclusiva de Dios. Por eso pueden mostrar a otros
la bondad de Dios, pues él los ha llamado a salir
de la oscuridad y entrar en su luz maravillosa.

1 PEDRO 2.9 NTV

Eres un guía turístico espiritual. Si esto te suena extraño, piensa en la última visita que hiciste a un museo. Viste un montón de cosas guay, pero sin que alguien te informara sobre cada artículo expuesto tuviste que tirar de imaginación. Tal vez pasaras por delante de obras cuya importancia desconocías por completo.

Cuando eres uno de los hijos de Dios tienes la tarea de mostrarles a las personas cómo es vivir para Jesús. Cuando no hablas, los demás no pueden imaginar por qué es tan importante caminar con Él.

Si has recorrido una cueva, sabrás qué ocurre cuando encienden las luces. Lo único que se te ocurre

es lo horrible que sería vivir siempre en la oscuridad. Así es la vida para quienes necesitan saber cómo es la existencia con Jesús. Es como descubrir la luz en una cueva oscura. Consigues mostrar la fuente de luz a las personas. Logras orientarlas a la esperanza real. Compartes un mensaje que transforma vidas. Y la mejor parte es que lo *haces*.

Amado Dios, tú quieres que me tome mi tarea en serio. Ayúdame a mostrar a los demás por qué vivir para ti es la única forma de descubrir de verdad la vida, la luz y el amor. Amén.

Oportunidades para todos

*Den, y se les dará: se les echará en el regazo
una medida llena, apretada, sacudida y
desbordante. Porque con la medida que
midan a otros, se les medirá a ustedes.*

LUCAS **6.38** NVI

Jeff trabaja con los niños en la iglesia. En el autoservicio, pagó la comida de los dos autos que estaban detrás de él solo como demostración de amabilidad. Los niños que ocupaban la furgoneta de la iglesia tuvieron mucho de qué hablar cuando vieron lo que Jeff había hecho.

George es un tipo corriente que trabaja en los campos petroleros de Texas. Fue a comer y le indicó al camarero que quería pagar la comida de una pareja a la que no conocía, sentada en otra mesa. Por accidente, el empleado abonó la factura equivocada, pero George señaló que no importaba, y después añadió que seguía queriendo pagar la comida de

la primera pareja. El camarero se sintió inspirado.
George se sintió abrumado de que Dios le permitiera
bendecir a dos familias.

Como Jeff y George, podrías descubrir lo mucho
que disfrutas con la dádiva de la amabilidad. Cada
acto aleatorio de bondad bendice a otra persona,
pero también produce algo sorprendente dentro del
corazón de aquel que da.

Padre, tú quieres que sea amable con los demás.
Ayúdame a reconocer las múltiples formas en que
puedo dar. Estoy aprendiendo esta habilidad de ti.
Gracias. Amén.

Perdón supremo

*Si tú, SEÑOR, tomaras en cuenta los
pecados, ¿quién, SEÑOR, sería declarado
inocente? Pero en ti se halla perdón.*
SALMOS 130.3-4 NVI

No pasar ni una por alto. Guardar rencor.
¿Conoces a alguien que no olvida las ofensas
recibidas? Cada vez que alguien le hiere, habla mal
de él, lo traiciona, el agravio queda grabado en su
mente y lo aferra en su corazón. Tal vez te resulte
difícil dejar pasar las ofensas que te hacen.

¿Te imaginas que Dios llevara la cuenta de
los agravios que se le hacen? Los pecados son
injurias cometidas contra Él. La verdad es que no
habría libros suficientes en el mundo para recoger
el número de estas ofensas. ¡Pero hay una buena
noticia! Por medio de la salvación tenemos el perdón
supremo en Cristo.

El perdón es la clave para romper ese libro de injurias al que tanto nos hemos aferrado en nuestra vida. Si Dios puede perdonar *todos* los pecados cometidos contra Él, podemos perdonar los que se perpetran en nuestra contra. No siempre es fácil. El perdón de algunas ofensas puede tomar toda una vida. Pero podemos pedirle a Dios, el ejemplo del perdón, que nos ayude a perdonar.

¡Gracias, Señor, por no llevar un registro de ofensas! Te ruego que me perdones por aferrarme a mi propia lista de agravios. Ayúdame a pasarlas por alto y a perdonar a quienes me han hecho daño. Te entrego mi dolor y mi enojo; te suplico que pongas tu amor y tu paz en su lugar. Amén.

Nada por lo que preocuparnos

Mi mandato es: "¡Sé fuerte y valiente! No tengas
miedo ni te desanimes, porque el SEÑOR tu Dios
está contigo dondequiera que vayas".

JOSUÉ 1.9 NTV

En ocasiones, las últimas noticias pueden ser aterradoras. Pueden suceder muchas cosas malas. Siempre ha sido así, al menos desde el primer pecado de Adán y Eva. Las personas hacen malas elecciones. Estas provocan dolor, enojo y decepción. Para muchos, estas decisiones causan temor.

Deberíamos ser inteligentes siempre. Esto podría significar que nos mantengamos lejos de lo que sabemos que podría dañarnos, pero el temor que sentimos es un desperdicio de emociones y nunca alterará el resultado.

Nuestros miedos podrían referirse a algo que no entendemos, a un lugar o a alguna persona. Dios nunca quiere que sintamos temor. Si de verdad

creemos que Él tiene el control, no queda nada por lo que preocuparnos.

Dios siempre está con nosotros. El control es suyo.

Sé fuerte. Sé valiente. Cobra ánimo. Sé atrevido. No tengas miedo. Ten por seguro que el Dios que te creó puede cuidar de ti mejor que nadie que haya vivido jamás.

Señor, tú quieres que sepa que la inquietud es mi enemiga. Cuando me siento temeroso, ayúdame a recordar que puedo relajarme, porque tú has prometido ocuparte de las cosas. La preocupación nunca me hace sentir bien, de modo que ayúdame a dejar de convertir el miedo en una costumbre. Fortaléceme y dame valor. Ayúdame a ser valeroso. Amén.

Nunca solo

No tengas miedo, porque yo estoy contigo; no te desalientes, porque yo soy tu Dios. Te daré fuerzas y te ayudaré; te sostendré con mi mano derecha victoriosa.
ISAÍAS 41.10 NTV

Si un niño no puede encontrar a su mamá en una tienda, quiere que lo hallen con toda rapidez. El juego del escondite no es divertido si nadie te busca. Pensar que estás solo te hace sentir desesperado, temeroso y triste.

Hasta los adultos odian la soledad. Todos buscamos amistades que demuestren que alguien se preocupa de nosotros.

David fue expulsado de Israel por el rey Saúl, y pasó años lejos de aquellos que se preocupaban por él. Jesús estuvo completamente solo cuando fue tentado. Sin embargo, Dios usó a David para escribir salmos que nos consuelan, y Jesús nos mostró que estar solos nos permite confiar más en Dios.

La reacción natural a la soledad es el temor y el desaliento. La repuesta de Dios consiste en fortalecernos y ayudarnos a derrotar la angustia y la frustración.

Muchos descubren la forma de estar a solas sin sentirse solos. ¿Cómo? Recordando que Dios siempre está con nosotros. Habla con Él. Sabe escuchar muy bien.

Amado Dios, tú eres lo único que necesito. Cuando estoy solo, tú quieres recordarme que en realidad nunca lo estoy. Tú me proporcionas las fuerzas necesarias y te quedas conmigo cuando pienso que todo se está desmoronando. Gracias por recordarme que no tengo que desalentarme. Ayúdame a negarme a sucumbir al miedo. Amén.

Tu pecado preferido

*Serás aceptado si haces lo correcto, pero si te
niegas a hacer lo correcto, entonces, ¡ten cuidado!
El pecado está a la puerta, al acecho y ansioso por
controlarte; pero tú debes dominarlo y ser su amo.*

GÉNESIS 4.7 NVI

Todo el mundo tiene uno: un pecado preferido.
Ya me entiendes, ese pecado al que te aferras.
Sigues regresando a él como a tu camiseta favorita.
Cuando la vida se vuelve dura o las cosas no salen
como planeado, bulle desde lo más profundo y asoma
su fea cabeza. Para unos es el orgullo, la envidia, la
preocupación, el temor, la rebeldía, el egoísmo, la
desobediencia, el enojo... rellena tú el hueco.

La Biblia afirma que «el pecado está a la puerta,
al acecho y ansioso por controlarte; pero tú debes
dominarlo y ser su amo». El pecado siempre está ahí,
como el león que aguarda para abalanzarse. Quiere

comerte vivo. Pero con la ayuda de Dios somos más fuertes que nuestro pecado, y no a la inversa.

Si estás luchando hoy con el pecado, busca a Dios en oración. Y pide ayuda a la familia y a los líderes de tu iglesia. Tienes el poder de enfrentarte al pecado... ¡y ganar!

Señor Jesús, tú sabes cuál es mi pecado favorito. Ayúdame a acudir a ti en su lugar. No quiero excusar mi pecado. Controla tú mi vida para que yo pueda dominar mi pecado. Impúlsame a pedir perdón cuando sea necesario. Amén.

Todo bajo control

El enojo humano no produce la rectitud que Dios desea.
SANTIAGO **1.20** NTV

Nuestro enojo demuestra que en nuestra opinión las leyes deberían cumplirse. Nos enfadamos cuando creemos que alguien no está siguiendo las normas. La ira proporciona a las personas un vislumbre de lo que hay en nuestro corazón.

El enfado tiene otra cara. Puedes airarte cuando alguien descubre que *tú* no te has estado rigiendo por las reglas. Tal vez opines que nadie tiene derecho de señalar tus defectos. Consideras la conversación como un deporte, y estás a la defensiva, listo para atacar.

Dios afirma que ninguna de esta clase de enfado te lleva a buen puerto. ¿Por qué? Dios quiere que amemos a los demás, pero el enojo tiende a odiar. Él quiere que perdonemos, pero la ira quiere justicia.

Dios quiere que seamos pacificadores, pero la irritación arranca la paz como el Velcro.

Se supone que debemos vivir de un modo distinto, pero el enojo nos invita a aferrarnos a las respuestas que Dios señala como prohibidas.

El enfado no es un pecado, pero lo que hacemos cuando nos airamos puede hacernos pecar. Deja que Dios te ayude a cambiar tus respuestas, y la ira no aparecerá con tanta frecuencia.

Amado Dios, tú quieres que ame, que perdone y que viva en paz con los demás, pero no puedo actuar así si dejo que el enojo controle mi forma de responder. Ayúdame a recordar que tú lo tienes todo bajo control, que sabes lo que hace todo el mundo, y que te importa mi respuesta. Ayúdame a aprender a actuar más como tú, sobre todo cuando estoy enfadado. Amén.

El trabajo es idea de Dios

El camino de los perezosos está obstruido
por espinas, pero la senda de los íntegros
es una carretera despejada.

PROVERBIOS **15.19** NTV

Cinco minutos, más, mami!». «¿Tengo que limpiar mi habitación *hoy*?». «¡Odio sacar la basura!».

¿Has pronunciado alguna de estas frases? Tal vez hayas dicho hoy algo similar.

Dios quiere que pasemos tiempo con Él cada día, pero también sabe que cuando no tenemos nada bueno que hacer, sentimos la tentación de hacer algo incorrecto. El trabajo es idea de Dios. Nos enseña la responsabilidad, una actitud de servicio, y nos ayuda a descubrir el propósito.

No tienes por qué tener un empleo para trabajar. Puedes servir a los demás, a tu familia, o a trabajar

para aprender nuevas habilidades. No hacer nada facilita que sigas sin dar ni golpe.

Cuando no puedes ver nada bueno en el trabajo que realizas empiezas a pensar que no existe nada bueno. Podrías creer que no hay propósito ni promesa, ni posibilidad de disfrutar la vida.

Por ello, Dios quiere que lo hagamos todo por Él. Si trabajamos para Él, *todo* lo que hacemos tiene sentido.

Señor, tú quieres que disfrute del trabajo. Me resulta difícil de entender, porque limpiar mi habitación no es divertido. Ayúdame a aprender la importancia del trabajo. Ayúdame a ver que me has creado con un propósito, y yo no puedo hacer lo que tú quieres que haga si no hago nada. Amén.

Razones para valorar a los demás

Este mandamiento nuevo les doy: que se amen
los unos a los otros. Así como yo los he amado,
también ustedes deben amarse los unos a los
otros. De este modo todos sabrán que son mis
discípulos, si se aman los unos a los otros.

JUAN **13.34-35** NVI

Jesús quiere que amemos a las personas. Esto incluye a aquellos que se preocupan por nosotros, a nuestros amigos y a aquellos que acabamos de conocer.

Demostramos amor valorando las cosas buenas que otros hacen por nosotros. Esto puede parecer difícil, porque significa que tendremos que pensar y mencionar en voz alta lo bueno que otros hacen. Es más fácil con un progenitor que se sacrifica para ayudarnos, pero cuesta más con un hermano o hermana que nos pone de los nervios. Podría ser más fácil con un pastor amable y atento, pero más

complicado con un amigo o vecino cuya mayor habilidad parece ser molestar a los demás.

Cuando muestras aprecio estás afirmando que la persona con la que estás hablando juega una importante función en tu vida. Tienen valor aun cuando sean un poco frustrantes. Puede ser difícil de admitir, pero es una muestra de amor y puede ser la forma en que Dios mejore tus amistades.

Jesús, tú quieres que yo te siga. Ayúdame a mostrar amor a los demás decidiendo demostrar aprecio por la señora que me sirve el almuerzo en la escuela, por mi familia, mis maestros, mis amigos, mis vecinos y hasta por el tipo que no siempre es simpático. Ayúdame a encontrar razones para valorar a los demás, y saber demostrárselo. Amén.

El trabajo en las tareas escolares

*Trabaja duro y serás un líder; sé
un flojo y serás un esclavo.*
PROVERBIOS **12.24** NTV

¿Has sentido alguna vez como si te patinaran las llantas cuando se trata de hacer tus tareas escolares? Tal vez sea un trabajo demasiado duro, no logras entender lo que se pretende que hagas, y tiras la toalla. Tal vez te cueste permanecer enfocado. Por tanto, la faena se te amontona, y sientes que te estás ahogando. Puede ser que la tarea sea demasiado fácil, y no le veas sentido a realizar tantos deberes como el maestro te ha asignado.

Llevar a cabo la tarea que se te encomienda, con diligencia y esmero, queriendo hacer lo correcto, es importante si quieres ocupar una posición de liderazgo. Si la tarea es demasiado difícil, habla con tu profesor o busca a un tutor en tu escuela. Si te está resultando difícil enfocarte, pide consejo a tus

maestros o a tus padres. Ellos podrán orientarte en la dirección correcta. Si el trabajo es demasiado fácil, hazlo de todos modos. La única manera de que tus maestros sepan que tienen que retarte más es si ven tu trabajo acabado.

Señor, ayúdame a ser diligente con mis tareas escolares. Cuando esté luchando, muéstrame a quién dirigirme en busca de ayuda. Proporcióname la determinación y la fuerza de voluntad de ser sistemático en mi trabajo. Amén.

Una demostración honrosa

Haz a los demás todo lo que quieras que te
hagan a ti. Esa es la esencia de todo lo que
se enseña en la ley y en los profetas.

MATEO 7.12 NTV

Es difícil creer que alguien te respeta cuando hace cosas que no te gustan. El respeto consiste en valorar a otras personas, considerando que sus necesidades son tan importantes como las tuyas.

Cuando la Biblia nos proporciona la «Regla de oro», se nos recuerda algo importante de Dios. Mostramos respeto honrando los intereses, las necesidades y las preocupaciones de las personas que se alegrarán de saber que los aprecias lo suficiente como para ser amable.

Cuando mostramos respeto hacia los demás, a menudo empezamos a recibir respeto a cambio. Honrar a otros no significa que solo devuelvas la pleitesía cuando te la rindan a ti. En ocasiones

tienes que ser el primero en dar ejemplo. Ni siquiera significa que tengas que estar de acuerdo con las elecciones de los demás. Solo quiere decir que les ayudes a ver que Dios puede cambiar la forma de responder de los cristianos.

Dios también nos trata como quiere ser tratado. Fue el primero en amar, en mostrar fidelidad y en invitar a la amistad. Resulta más fácil respetar a los demás cuando respetamos primero a Dios.

Amado Dios, tú quieres que yo honre a las demás personas. Podrían ser más mayores, más jóvenes, más fuertes o más débiles, más fáciles de amar o más difíciles de soportar. Ayúdame a recordar que siempre has estado interesado en mí. Por tanto, yo debería interesarme en los demás. Amén.

¿Estás listo para ayudar?

Vengan, síganme —les dijo Jesús—, y los haré pescadores de hombres. Al momento dejaron las redes y lo siguieron.

MARCOS **1.17-18** NVI

Cuando tu familia necesita que alguien repare el auto o el tejado, llaman a un profesional.

Sin embargo, Dios mira a las personas más inesperadas, y pregunta: «¿Estás listo para ayudar?».

Tal vez no sientas que posees las aptitudes para ayudar a Dios, pero Él nos da *todo* lo que necesitamos para realizar la tarea.

Cuando Jesús se dirigió a los hombres que se convertirían en sus discípulos, les dijo: «Vengan, síganme». No les preguntó si tenían habilidades especiales o experiencia laboral. Jesús quería que los discípulos supieran que no podrían efectuar solos el trabajo, pero tampoco tendrían que hacerlo.

Cuando alguien a quien admiras está preparado para acometer un proyecto, te mira y te pregunta: «¿Estás listo para ayudar?»; es un momento tremendo para ti. Aunque no tengas la menor idea de lo que estás haciendo, aprenderás de alguien con mayor sabiduría y que está dispuesto a enseñar, como Jesús instruyó a sus discípulos. Aprende de Él; conviértete en su discípulo.

Señor, tú quieres que esté preparado para contestar afirmativamente cuando llames. No tengo porqué saberlo todo para entender que aun así puedes usarme. Es bastante increíble. Gracias por invitarme a ayudar. Espero aprender de ti. Amén.

¿Puedo cambiar el mundo?

Desde la época de los jueces que gobernaron a Israel hasta la de los reyes de Israel y de Judá, no se había celebrado una Pascua semejante. Pero, en el año dieciocho del reinado del rey Josías, esta Pascua se celebró en Jerusalén en honor del SEÑOR.

2 REYES 23.22-23 NVI

La Biblia nos habla de un joven rey llamado Josías. Subió al trono cuando tenía ocho años. ¡Imagina llevar el peso de todo un reino sobre tus espaldas a esa edad! Antes de ser rey, en Judá (reino sureño de Israel) hubo muchos monarcas malos que llevaron a sus súbditos a adorar a dioses que no eran su Dios. Estos exigían que sus seguidores se vendieran y hasta que sacrificaran a sus hijos echándolos al fuego para tener éxito en la vida. Por sí solo, Josías apartó al país de la adoración a los falsos dioses y los condujo a seguir al Dios que los había sacado de Egipto centenares de años antes.

A veces, otros empiezan a seguir a dioses falsos porque parece divertido o diferente. Ir en pos de Jesús puede parecer algo que impone muchos límites. Sin embargo, esos ídolos que ellos persiguen acaban haciéndoles sentir un gran vacío y tal vez no vean una salida a la situación en la que se encuentran. Necesitan a un amigo que los acompañe y les señale que Jesús sigue aguardando. Pueden poner todo el mundo boca abajo para hallar a alguien así. Puedes cambiar todo el mundo por alguien que los oriente a Jesús.

Jesús, ¡quiero ser un transformador del mundo! Condúceme a la persona que más me necesite., Dame el valor de dirigir a otros a ti. Ayúdame a deshacerme de mis propios ídolos, esas cosas que elijo en lugar de ti, para que otros vean tu amor en mí. Amén.

Cuando no te apetece

*[Jesús dijo], si ustedes me aman,
obedecerán mis mandamientos.*
JUAN **14.15** NVI

No tienes por qué planear pecar haciendo algo incorrecto. Es fácil encontrar el pecado, se presenta como gran diversión y nunca te recuerda las consecuencias.

El pecado es una elección más fácil que la obediencia. Quizás se deba a que nuestros sentimientos les gusta pecar. Las personas excusan su pecado amparándose en que parecía lo correcto o que se lo estaban pasando tan bien que no pudieron evitarlo.

Eludir el pecado es una decisión que deberías tomar antes de meterte en una situación en la que *sientas* que no tienes otra elección más que pecar. Si sabes que Dios no quiere que mientas, es necesario decidir que la verdad será lo que salga de tu boca.

Jesús indicó que guardar sus mandamientos (la obediencia) es la mejor forma de mostrar que le amamos. Él no declaró: "Si me amas, discúlpate a diario".

Lo entenderemos mal. Pecaremos. Nos preguntaremos por qué no obedecimos. Por ello, Dios se aseguró de que siempre fuéramos perdonados por medio de la muerte de Jesús en la cruz.

En lugar de procurar el perdón de Dios como nuestra reacción habitual, deberíamos evitar pecar mediante la obediencia a Él, aun cuando no nos *apetezca*.

Amado Dios, tú quieres que obedezca. Cuando acepté a Jesús y su perdón inicié mi amistad contigo, y confío en ti más cuando obedezco tus mandamientos. Ayúdame a decidir siempre que tu camino es siempre el mejor. Amén.

Monta guardia

Timoteo, cuida bien lo que Dios te ha confiado. Evita las discusiones mundanas y necias con los que se oponen a ti, con su así llamado «conocimiento».

1 TIMOTEO 6.20 NTV

Timoteo apenas tenía unos años más que tú. El apóstol Pablo había estado entrenando al muchacho en cómo es ser cristiano. No se trata de afirmar tan solo que Dios es guay, sino de saber realmente lo que Él quiere que uno haga.

Timoteo había experimentado una formación básica. Conocía la verdad. Tenía un gran maestro. Estaba siguiendo a Dios. Sin embargo, Pablo le pidió una cosa más: que montara guardia.

¿Contra qué tenía que estar vigilante? ¿Contra alguien más fuerte? Timoteo debía cuidarse de las discusiones necias con aquellos que no creían realmente en Dios.

Nosotros también tenemos que estar en guardia. Resulta más fácil cambiar tu forma de pensar cuando otros van minando la verdad que has estado aprendiendo. Puede ser que al principio no veas el peligro. Después de todo, no son más que palabras. Si no estás vigilante, las palabras que cuestionan a Dios pueden cambiar tu forma de pensar, actuar y creer.

Cíñete a las bases que encuentras en la Biblia. La verdad que en ella se encuentra es la mejor forma de defender o proteger todo lo que estás aprendiendo.

Señor, tus palabras me ayudan a saber cómo vivir de verdad. Ayúdame a evitar a aquellos que no te respetan. Ayúdame a crecer en mi fe. Ayúdame a compartir lo que sé. Ayúdame a orar por aquellos que necesitan entender. Amén.

No se precisa actuación

*En cambio, el fruto del Espíritu es amor,
alegría, paz, paciencia, amabilidad, bondad,
fidelidad, humildad y dominio propio.*
GÁLATAS 5.22-23 NVI

En ocasiones, mostrar nuestros mejores modales es como actuar en un escenario. Afirmamos y hacemos una cosa, pero no es en realidad quiénes somos ni lo que creemos. Por ello, intentar meramente comportarse no funciona nunca durante demasiado tiempo. Es mucho más fácil ser tú mismo que actuar de un modo distinto.

Decir la verdad, ser amable con los amigos y mostrar bondad son cosas que, al verlas, tu familia se sentirá orgullosa de ti. Si piensas que podrías estar actuando cuando te conduces de este modo, ten paciencia. Puede ser que Dios tenga grandes planes para ti.

El fruto del Espíritu es la prueba de que Dios está obrando en tu vida. Cuando obedeces lo que Él te pide, serás más amoroso, alegre, pacífico, paciente, amable, bueno, fiel, humilde y tendrás autocontrol. No se precisa actuación alguna.

Dios quiere que hagas lo correcto, pero al crecer como cristiano, esas «cosas correctas» se vuelven mucho más fáciles, porque cuando obedeces a Dios te acercas más a los planes que Él ha tenido siempre para ti.

Amado Dios, tú quieres mostrarme señales de crecimiento. Quieres verme valorar el obedecerte. A veces es como si estuviera arrancando las raíces del amor, de la bondad y del dominio propio que tú has plantado en mi vida. Ayúdame a ser lo bastante paciente para ver crecer tu fruto, de manera que pueda ser el joven que tú quieres que yo sea. Amén.

Hijos de Dios

¡Fíjense qué gran amor nos ha dado el Padre, que se nos llame hijos de Dios! ¡Y lo somos! El mundo no nos conoce, precisamente porque no lo conoció a él.

1 JUAN **3.1** NVI

Una familia adoptó a un bebé, pero poco después de descubrir que habían sido escogidos por la madre biológica para la adopción, ¡la pareja se enteró de que ellos mismos iban a tener un hijo! Con entusiasmo acogieron a los «mellizos» en su vida. Aunque las criaturas tienen dos conjuntos biológicos diferentes de progenitores, pertenecen a la misma familia. Tienen la misma mamá y el mismo papá, los mismos hermanos y hermanas. Se les ve a través de los ojos del amor.

Dios quiere adoptarnos en su familia. Por esta razón murió Jesús por nuestros pecados. Ese fue el precio de nuestra adopción. Él quiere que seamos parte de su familia, hasta el punto de enviar a su

propio Hijo, Jesús, para pagar el costoso precio con
su vida... para que pudiéramos ser «llamados hijos
de Dios». Podemos proceder de distintas familias
biológicas, pero somos hijos de Dios, vistos a través
de la mirada de nuestro Padre celestial.

¡Gracias, Señor, por amarme! Sé que en ocasiones soy
difícil de amar, pero tú sigues queriendo que sea parte
de tu familia. Gracias por adoptarme a través de la
vida de tu Hijo. Te amo, Padre. Amén.

Respuesta a la tentación

*Jesús le respondió: Escrito está: "No
solo de pan vive el hombre, sino de toda
palabra que sale de la boca de Dios".*

MATEO 4.4 NVI

Cuando Jesús pasó tiempo en nuestro
planeta, fue tentado por el diablo. No había
comido durante más de un mes y estaba cansado
y hambriento. Le habría resultado fácil crear sus
alimentos favoritos, pero cuando el diablo intentó
hacer que convirtiera piedras en pan, él señaló: *No
solo de pan vive el hombre, sino de toda palabra que
sale de la boca de Dios.*

En ese momento, Jesús les enseñó a todos que
la Biblia no solo era útil para aprender más de Dios,
sino que es lo que deberíamos usar cuando somos
tentados a hacer algo que sabemos incorrecto.

La Biblia es importante, pero si no sabemos lo
que ella afirma, *tomaremos* decisiones erróneas.

Cuando nos sentimos tentados a decir algo malo de otra persona, deberíamos recordar que se supone que no deberíamos «hablar mal de nadie, sino buscar la paz y ser respetuosos, demostrando plena humildad en su trato con todo el mundo» (Tito 3.2 NVI).

Conocer la Biblia nos puede ayudar a recordar quiénes somos, lo que hacemos y cómo deberíamos vivir.

Señor, tú quieres que yo sepa de verdad lo que tú has declarado. Me dejaste tus palabras en la Biblia. No debería sentirme nunca confuso si busco tus pensamientos en tu Palabra. Ayúdame a leerla con frecuencia. Amén.

Dar su mismo ejemplo

Estén alerta. Permanezcan firmes en la fe. Sean valientes. Sean fuertes. Y hagan todo con amor.
1 CORINTIOS 16.13-14 NTV

Cuando no amas a alguien es difícil ponerse de su parte cuando está en problemas. Cuando no amas a Dios, resulta fácil asustarse. Cuando no tienes amor por los demás, no puedes permanecer firme, porque nunca ves nada por lo que merezca la pena luchar.

Dios nos creó para ser guardianes, embajadores, soldados y personas que se preocupan por los demás.

Él quiere que demos su mismo ejemplo para que otros lo vean. No tenemos que disculparnos nunca por hacer lo correcto. Defendemos su verdad y damos la cara por quienes precisan aliento. Él nos ha encomendado una gran tarea con grandes responsabilidades, oportunidades, y la cantidad justa de aventura.

Representamos algo más importante que los deportes y los hobbies. Somos fuertes al compartir un mensaje que cambia vidas. Somos valientes, porque todos necesitan conocer a Jesús. Amamos, porque Él nos amó primero.

El mensaje que compartimos puede cambiar vidas. Negarse a hablar cuando alguien necesita escuchar realmente lo que tenemos que decir no les ayuda a ver el amor que se supone que debemos compartir. Sé valiente. Habla.

Amado Dios, tú quieres que muestre que merece la pena compartir tu mensaje. No puedo hacer como si pareciera que me disculpo por conocerte. Ayúdame a ser valiente porque tu mensaje es algo que todos deberían escuchar. Amén.

Pon la otra mejilla

*Queridos amigos, ya que Dios nos amó tanto, sin
duda nosotros también debemos amarnos unos
a otros. Nadie jamás ha visto a Dios; pero si nos
amamos unos a otros, Dios vive en nosotros y su
amor llega a la máxima expresión en nosotros.*

1 JUAN 4.11-12 NTV

Nick asistía a la escuela secundaria cuando
los demás niños empezaron a meterse con
él. Le ponían motes y se reían de él. Una chica fue
particularmente cruel. Disfrutaba convirtiendo su
aspecto en la diana de sus dardos, y haciéndole
pedazos. Se convirtió en un ritual diario. Nick hizo
todo lo que pudo para evitar a esta muchacha, pero
ella lo buscaba. La madre de Nick habló con los
profesores, pero esto no pareció servir de nada. Cada
semana, *él* pedía oración a los chicos de su pequeño
grupo. Recibía toda clase de consejos sobre cómo

responder a la chica, pero él sabía que era cristiano...
y que era necesario actuar como tal.

Amar a los demás no es fácil, sobre todo cuando
nos hieren. Pero si queremos amar como Dios nos ama
a nosotros, es preciso demostrarlo cuando es difícil.

Piensa en esto: podríamos ser la primera
experiencia de alguien con el amor de Dios. Ser
amable y amoroso con los demás, incluso con nuestros
«enemigos», podría conducir a alguien a Jesús.

Con nuestra propia fuerza no podemos amar a los
que son difíciles de amar. Pero Dios nos proporciona
su Espíritu para que nos ayude en los momentos
difíciles.

Gracias, Señor, por amarme a mí, un pecador.
Ayúdame a ver a los demás como tú los ves, y dame la
fuerza de permanecer firme en el amor aun cuando
amar a los demás sea difícil. Amén.

Dentro del vallado

*Por tanto, imiten a Dios, como hijos muy
amados, y lleven una vida de amor, así como
Cristo nos amó y se entregó por nosotros como
ofrenda y sacrificio fragante para Dios.*

EFESIOS 5.1-2 NVI

Cuando la Biblia nos habla de «seguir el ejemplo de Dios» quiere decir que dirige y es el modelo de cómo deberíamos vivir. Cuando afirma que somos «hijos muy amados», sabemos que nos acepta. Cuando «llev[amos] una vida de amor» escogemos seguir el mayor mandamiento de Dios. Cuando vemos lo que Jesús hizo para mostrar su amor por nosotros, entendemos lo importante que es el amor para Dios.

Dios lo creó todo con un propósito. Esto te incluye a ti. Cuando «llevas una vida de amor» estás viviendo dentro de los límites de sus mandamientos. A modo de vallado espiritual, los mandamientos de Dios proporcionan mucha libertad siempre que permanezcas dentro del recinto.

Cuando un perro abandona la protección de un patio cercado, puede meterse en problemas, acabar herido o perderse. Hay muchas más cosas buenas dentro que fuera.

Las vallas espirituales no están diseñadas para hacer que te pierdas lo que no deberías perderte, sino para darte el espacio de hacer algo especial usando la seguridad de la protección divina, dentro del vallado.

Padre, tú quieres que camine contigo. Todo lo que tiene un propósito tiene directrices que se deben seguir. Solo cuando intento hacer las cosas descubro por qué son importantes las directrices. Ayúdame a encontrar el gozo siguiéndote. Amén.

26

Mostrar interés

*No se ocupen solo de sus propios intereses, sino
también procuren interesarse en los demás.*
FILIPENSES 2.4 NTV

Cuando tus almacenes favoritos contratan a
trabajadores, quieren a personas que de verdad
se preocupen de las necesidades de sus clientes.
Cuando estás enfermo quieres que un médico o una
enfermera te ayuden. Cuando haces tu pedido en
un restaurante nunca esperas que un camarero te
responda «Vaya a buscarlo usted mismo».

Las cosas que convierten a alguien en un
empleado valioso son aquellas que te ayudan a
demostrarles a los demás el amor que Jesús te dio.
Manifiesta interés en los demás, ten disposición para
ayudarles, escucha lo que tengan que decir, trátalos
con respeto y no seas grosero.

Cuando estamos más interesados en lo que
queremos nosotros, hablamos más de lo que

escuchamos, y no tenemos interés en ayudar a los demás, no mostramos respeto. Tampoco les damos a los demás una razón para creer que Dios marca la diferencia.

Deberíamos disfrutar de nuestros hobbies, pero las cosas que nos interesan no deberían adquirir tanta importancia que no sintamos que podemos sacar tiempo para otros. No puedes desarrollar amistades si no compartes tiempo y atención con los demás.

Amado Dios, tú quieres que me preocupe por los demás. No puedo hacerlo si solo pienso en mí. A veces la única forma de que otros puedan ver las buenas cosas que tú puedes hacer es cuando alguien como yo les muestra las cosas buenas que tú has enseñado. Sigue instruyéndome de manera que yo pueda seguir guiándolos. Amén.

27

¿Qué es ese sonido irritante?

*Hagan todo sin murmuraciones y contiendas, para
que sean irreprensibles y sencillos, hijos de Dios
sin mancha en medio de una generación torcida
y perversa, en la cual ustedes resplandecen como
luminares en el mundo, reteniendo la palabra de
vida. Así yo podré gloriarme en el día de Cristo
de que no he corrido ni he trabajado en vano.*

FILIPENSES 2.14-16 RVA

Resulta fácil murmurar cuando se te pide hacer
algo que no te apetece. Sueñas con un programa
de recompensas que te permita ir por la vida sin
hacer tus tareas, o tal vez haya otra persona de la
familia que podría realizarlas esta vez.

Las peticiones de ayuda llegan en los peores
momentos. Ha venido a verte un amigo, estás
jugando a algo o estás cansado. Deseas que todo
el tema de las *tareas* pudiera planificarse sin tu
participación.

En ocasiones, el sonido de tus quejas es como un lenguaje extraño para tu familia. Tal vez no entienden lo que estás expresando, pero saben que es irritante.

La Palabra de Dios declara algo como: "Deja de protestar, quejarte y lloriquear. Así actúan quienes no conocen a Dios. Se supone que tienes que ayudar a los demás a ver a Jesús, sin irritarlos con el sonido de tus fiestas de compasión".

Cuando piensas en lo que Dios hace por ti, toda protesta parece una falta de respeto. Intenta darle gracias a Él. Esto cambia el sonido de las quejas por palabras de alabanza.

Padre celestial, tú quieres que mis palabras ayuden a otros, y no que los hagan encogerse. Quiero ayudar a que las personas te vean, no a que deseen tener tapones en los oídos. Ayúdame a pronunciar palabras que hagan la vista gorda ante las cosas por las que me quejaría de forma habitual. Amén.

28

El poder de Dios

*Así que, ¿dónde deja eso a los filósofos, a los estudiosos
y a los especialistas en debates de este mundo?
Dios ha hecho que la sabiduría de este mundo
parezca una ridiculez. Ya que Dios, en su sabiduría,
se aseguró de que el mundo nunca lo conociera
por medio de la sabiduría humana, usó nuestra
predicación «ridícula» para salvar a los que creen.*
1 CORINTIOS 1.20-21 NTV

ada dos meses, un grupo local de jóvenes sirve
el almuerzo en un comedor social. Mientras
ayudan a entregar la comida, ven un lado de la vida
que normalmente no verían. Hombres, mujeres e
incluso niños vienen al albergue en busca de una
comida. ¡Tienen tan poco, mientras que los chicos del
grupo de jóvenes poseen tanto!

¿Por qué unas personas viven mejor que otras?

¿Por qué no puede Dios, con todo su poder,
irrumpir y cambiar las cosas... hacer justicia? La

Biblia afirma que los judíos pidieron señales. Querían que Dios mostrara su poder de un modo espectacular. Deseaban que apabullara sus mentes haciendo algo llamativo.

¿Acaso no es esto lo que reclamamos? ¿Que Dios haga algo deslumbrante y se ocupe de cualquier problema que veamos en nuestra vida o en las de otros? Aunque es posible que no entendamos los caminos de Dios, Él siempre está obrando. Su sabiduría es superior a cualquier solución que nuestras mentes puedan crear.

Señor, gracias por ejercer tu poder en mi corazón. Ayúdame a ser cuidadoso en lo que te pido. Abre mis ojos para ver obrar tu poder a mi alrededor. Amén.

29

¿No queda nada que aprender?

Hay más esperanza para los necios
que para los que se creen sabios.
PROVERBIOS **26.12** NTV

Cuando estás lleno de orgullo crees que todos tienen ya claro lo guay que eres, pero si no es así, estás dispuesto a repartir carteles donde enumeras todas las razones por las que eres sencillamente mejor que cualquier otro de tu localidad. Caminas y hablas de un cierto modo, y a continuación intentas hacer que las personas piensen que deberían sentirse honradas porque tú decidieras notar su existencia.

Esto podría parecer una buena forma de demostrar que eres asombroso, pero la mayoría de las personas no ven lo mismo. Están prestando gran atención a tus actos, que señalan por sí solas: «Jamás serás tan importante como yo».

En lugar de gustarles más a las personas, acaban no queriendo estar cerca de ti. El orgullo produce la misma reacción que alguien que acude a un restaurante elegante vestido de payaso. Llamas la atención, pero no de la forma adecuada.

La Palabra de Dios señala que hay más esperanza para el necio que para el que está lleno de orgullo. Tal vez se deba a que el insensato puede aprender, mientras que el orgulloso nunca cree que quede algo más por aprender.

Amado Dios, tú quieres recordarme que el orgullo no luce bien en mí. Necesito traer a mi memoria que la vanidad me señala a mí y que nunca abre espacio para los demás. Ayúdame a honrarte a ti y a ellos dedicando menos tiempo a enumerar aquello que he hecho. Amén.

30

Elecciones incorrectas

¿Te has fijado en quien se cree muy sabio?
Más se puede esperar de un necio que de gente así.
SALMOS **32.5** NVI

Tucker estaba empeñado en un paquete de chicles. Su mamá le dijo que no. En la cola de caja, siguió mirando la golosina. Cuando ya no pudo soportarlo más, agarró un paquete y se lo metió en el bolsillo.

La Biblia define esta acción como un robo. Un guardia de seguridad detuvo a Tucker antes de que saliera de la tienda y le preguntó: «¿Tienes algo que no te pertenece?».

El rostro de Tucker enrojeció, acalorado, y negó haber tomado nada, pero el vigilante lo había visto y sabía con exactitud en qué bolsillo lo había escondido.

Cuando confesamos nuestro pecado, en realidad estamos admitiendo que hemos hecho elecciones incorrectas y que queremos enmendar las cosas.

Dios sabe lo que hemos hecho. No podemos ocultárselo. Cuando lo intentamos, somos como Tucker al esforzarse por convencer a todos que no había tomado los chicles.

Admite que has pecado, no intentes taparlo, y deja que Dios te perdone. Después, ve y arregla las cosas.

Señor, tú no quieres que crea una mentira. Conoces toda decisión que tomo. Indicas que el pecado conduce a la muerte, pero que Jesús vino a dar vida. Cuando hago elecciones equivocadas, ayúdame a admitirlas para poder escoger siempre a Jesús por encima del pecado. Amén.

31

Grandes expectativas

Porque me has visto, has creído —le dijo Jesús—; dichosos los que no han visto y sin embargo creen. Jesús hizo muchas otras señales milagrosas en presencia de sus discípulos, las cuales no están registradas en este libro. Pero estas se han escrito para que ustedes crean que Jesús es el Cristo, el Hijo de Dios, y para que al creer en su nombre tengan vida.

JUAN **20.29-31** NTV

odos tenemos expectativas. En ocasiones, lo que esperamos no concuerda con lo que es en realidad. Cuando eso ocurre, nos sentimos confusos, frustrados o incluso defraudados.

Cuando Jesús caminaba por la tierra, los judíos buscaban al Mesías. Aguardaban a un cierto tipo de salvador, que los liberara de su cautiverio romano. Lo que se encontraron fue a Jesús. ¡No era en absoluto lo que ellos esperaban! Él no vino a iniciar una revolución militar. Llegó con un programa del todo distinto.

¿Por qué es diferente Jesús? Él es *el* Mesías y el Hijo de Dios. Vino a darnos vida en su nombre. El libro de Juan se escribió para proporcionarte pruebas y que creyeras la verdad sobre Jesús. Él ofrece algo mayor que la libertad de los problemas terrenales. Él es la senda a la vida eterna. ¡Supera de lejos nuestras expectativas!

Jesús, conforme aprendo más sobre ti, ayúdame a poner aparte aquellas experiencias que me proporcionen una idea errónea de ti. Ayúdame a verte tal como eres. Amén.

32

Vivir en paz

*¿Qué es lo que causa las disputas y las peleas
entre ustedes? ¿Acaso no surgen de los malos
deseos que combaten en su interior? Desean lo que
no tienen, entonces traman y hasta matan para
conseguirlo. Envidian lo que otros tienen, pero no
pueden obtenerlo, por eso luchan y les hacen la
guerra para quitárselo. Sin embargo, no tienen
lo que desean porque no se lo piden a Dios.*

SANTIAGO 4.1-2 NTV

Cuando no nos llevamos bien con los demás
se suele deber a que no concordamos. A la
otra persona podrían no gustarle tus ideas o tal vez
sea a ti a quien no le agradan las suyas. Cuando las
personas están en desacuerdo, por lo general se
enfadan. Unos dañarán a otros cuando se enojan.
Otros devolverán el dolor. Los habrá que nunca
perdonen.

No tenemos por qué estar de acuerdo con los demás para vivir en paz con ellos. Cuando hacemos daño a alguien porque nos ha herido primero, podemos esperar que el dolor siga.

Por si discutir no fuera lo bastante malo, muchas señales vienen a la zaga. Podrías acabar intentando robar algo que no te pertenece, y querer algo que nunca podrá ser tuyo, y la pelea puede incluso llevar al homicidio.

Defender lo correcto es cosa buena. Luchar para obtener algo que no es tuyo no lo es.

Amado Dios, tú me recuerdas que las disputas no son el mejor uso que se pueda hacer del tiempo. Ayúdame a sentirme complacido cuando a otras personas les suceden cosas buenas. Sé que querría que se alegraran por mí. Ayúdame a saber que las peleas rara vez conducen a finales felices. Amén.

33

Las semillas que plantamos

No se dejen engañar: nadie puede burlarse de la justicia de Dios. Siempre se cosecha lo que se siembra. Los que viven solo para satisfacer los deseos de su propia naturaleza pecaminosa cosecharán, de esa naturaleza, destrucción y muerte; pero los que viven para agradar al Espíritu, del Espíritu, cosecharán vida eterna.

GÁLATAS **6.7-8** NTV

Escoge una verdura que te guste comer. Bien. Ahora, imagina que plantas semillas para comer verdura fresca. ¡Espera! Solo hay un problema. En lugar de usar las semillas de tus verduras preferidas, decides que como tienes una bolsa de simiente de margaritas, las vas a plantar. Riegas la tierra, te aseguras de que le dé bien el sol, y después esperas tu verdura exclusiva.

Pero solo crecen margaritas en tu jardín.

No tiene sentido alguno plantar la cosa equivocada con la esperanza de que crezca la verdura correcta.

Dios quiere que sepamos que no podemos plantar semillas de enojo y esperar una flor de paz. No puedes sembrar semilla de amargura y esperar una cosecha de perdón. La planta del odio nunca produjo amor.

Dios está al tanto de lo que plantamos en nuestras vidas. A menos que la simiente mala sea retirada, tus plantas producirán una cosecha que no quieres.

Padre, tú me muestras cómo hacer crecer cosechas que me ayudan, pero siempre tengo la libertad de sembrar semillas malas si quiero. Ayúdame a plantar las simientes que tú das, de manera que crezca amor, perdón, esperanza, gozo y paciencia. Amén.

34

Los sabios recuerdan

*Quien sea sabio, que considere estas cosas
y entienda bien el gran amor del Señor.*
Salmos 107.43 NVI

En ocasiones, solo podemos pensar en nosotros mismos. Recordamos las cosas que alguien nos hizo, la tarea para la que pensamos no tener tiempo, y al miembro de la familia por el que creemos haber sido maleducado. Solo reinamos en nuestros problemas y logros, pero cuando se trata solo de nosotros, no hay lugar para Dios.

La Palabra de Dios afirma que somos sabios cuando pensamos en las formas en que Él nos demuestra su amor. Lo descubrimos en el modo en que creó el sol para brillar y la luna para resplandecer. Nos ama proveyéndonos alimentos para comer. Su amor se encuentra en el aire que respiramos, en las cosas de las que disfrutamos, en el perdón que ofrece y en cómo nos rescató del castigo del pecado.

Esfuérzate en buscar y descubre el amor de Dios en el afecto de una mascota, en la compañía de amigos y en las personas que te hacen sonreír.

Dios te ha bendecido. Dedica tiempo a recordar lo que Él ha hecho por ti y vigila que tu actitud pase de pensar en *ti* a pensar en Dios y en las *demás* personas que Él hizo.

Amado Dios, tú quieres recordarme tu fidelidad. Eres un Dios asombroso, y las cosas que has hecho son increíbles. Ayúdame a pensar en ti primero. Quiero saber lo que tú quieres, y esto no puede suceder cuando solo pienso en mí. Amén.

35

Leer la Palabra de Dios

*Había hecho arreglos para partir de Babilonia el
8 de abril, el primer día del nuevo año, y llegó a
Jerusalén el 4 de agosto, pues la bondadosa mano
de su Dios estaba sobre él. Así fue porque Esdras
había decidido estudiar y obedecer la ley del SEÑOR y
enseñar sus decretos y ordenanzas al pueblo de Israel.*
ESDRAS 7.9-10 NTV

Un padre viajaba mucho por su trabajo y tenía
normas para su hijo en su ausencia. Una de
sus reglas consistía en que por cada minuto que
el muchacho viera la televisión, tenía que leer su
Biblia durante el mismo tiempo. De manera que un
programa televisivo de treinta minutos significaba
un período de lectura bíblica de media hora también.
El niño se volvió creativo con su lectura. Compró una
Biblia de bolsillo y la llevaba consigo dondequiera
que fuera. Leía en el autobús, antes de que empezara
la escuela y tras acabar sus deberes. Pronto tuvo

suficientes minutos acumulados para ver su programa televisivo favorito.

La Biblia nos indica que Esdras se dedicó al estudio de la Palabra de Dios. Hizo más que tomar un libro devocional o abrir una Biblia de vez en cuando. Se señala que se entregó a ello. Era disciplinado y regular en su estudio. Una vez que aprendía algo, lo obedecía. La Biblia nos cuenta que el resultado fue que la buena mano de Dios estuvo sobre él. ¡Ahí es nada!

Señor, quiero saber lo que la Biblia afirma. Haz que ese deseo me lleve a estudiar tu Palabra. Dame una mente de entendimiento y un corazón de obediencia. Amén.

36

Un mal caso de los "dame"

¡Tengan cuidado! —advirtió a la gente—. Absténganse de toda avaricia; la vida de una persona no depende de la abundancia de sus bienes».
LUCAS 12.15 NVI

Tu mejor amigo tiene el sistema de juego más reciente. Los chicos populares de la escuela tienen las deportivas más guays. Las quieres. También desearías un iPod, películas populares y ropa a la moda.

Es fácil pensar que si tuviéramos más *cosas* nos sentiríamos satisfechos, pero no es así.

Cuanto más poseemos, más tiempo pasamos cuidando cosas. La avaricia te roba la capacidad de vivir de verdad. ¿Cómo? Cuando lo único en lo que puedes pensar es en tener lo que no posees no puedes disfrutar de lo que ya tienes. Dedicarás menos tiempo a la familia y a los amigos. Tendrás cosas que se rompen. Aprenderás que lo que hoy es

realmente asombroso ya no lo es tanto la siguiente semana.

Cuando la avaricia te vence, podrías exigir que tu familia te comprara algo. Cuando sufras un caso grave de *codicia* sentirás la tentación de hacer daño, mentir o engañar para conseguir algo. Dios siempre tiene una mejor forma de vivir la vida.

Amado Dios, tú quieres que los demás sean más importantes para mí que las cosas. Enviaste a tu Hijo para traer vida, no cosas nuevas. Quieres que mi tesoro esté contigo en las elecciones que haga para demostrarles a otros que tu amor está disponible aunque no poseamos nada. Ayúdame a mantener la avaricia a una distancia prudencial. Amén.

Invierte con sabiduría

No imiten las conductas ni las costumbres de este mundo, más bien dejen que Dios los transforme en personas nuevas al cambiarles la manera de pensar. Entonces aprenderán a conocer la voluntad de Dios para ustedes, la cual es buena, agradable y perfecta.

ROMANOS 12.2 NTV

Cuando llevas dinero al banco y lo ingresas en una cuenta de ahorro, te producirá más dinero. A esto se le llama inversión. Las personas sabias invierten en decisiones que conducen a futuros que honran a Dios.

Dios quiere que invirtamos nuestro tiempo, dinero y elecciones con sabiduría. Dado que nuestro futuro es con Él en el cielo, no tiene sentido que intentemos tener el aspecto de quienes nos rodean, de actuar o hablar como ellos.

Pasar mucho tiempo haciendo cosas que no nos ayudan a ser más como Jesús nos enseña a ser más como las personas que no le conocen.

Deberíamos prepararnos para vivir en el cielo. Esto significa que cambiemos nuestra forma de pensar, que aprendamos los planes de Dios de conformarnos más a Él y seguir esos planes.

Cuando las personas no pueden apreciar diferencia alguna entre nosotros y alguien que no sigue a Jesús, tal vez sería necesario que le pidiéramos ayuda a Dios. Él siempre está dispuesto a dirigir cuando estamos preparados para seguir.

Padre, tú quieres que cada minuto cuente para mí. Quieres que mi vida se vea como la de alguien que te toma en serio. Ayúdame a analizar tus palabras para saber mejor cómo quieres que invierta mi vida. Amén.

El Club Santo

*Esfuércense por vivir en paz con todos y procuren
llevar una vida santa, porque los que no son
santos no verán al Señor. Cuídense unos a otros,
para que ninguno de ustedes deje de recibir la
gracia de Dios. Tengan cuidado de que no brote
ninguna raíz venenosa de amargura, la cual los
trastorne a ustedes y envenene a muchos.*

HEBREOS 12.14-15 NTV

En la iglesia, un grupo de muchachos inició un
Club Santo. Salían juntos, pero no permitían que
se uniera a ellos el primero que llegara. Cualquiera
que hubiera cometido pecados realmente grandes no
formaría parte del grupo ni lo podría hacer a causa de
su transgresión.

¿Es esto la santidad? Durante la vida de Jesús,
los líderes religiosos parecían ser de esta opinión.
Imponían tantas normas sobre las personas que
era imposible seguirlas. Estos dirigentes religiosos

formaron el Club Santo original, y miraban por encima del hombro a cualquiera que intentara acercarse más a Jesús.

La Biblia afirma que deberíamos esforzarnos al máximo por ser santos. Suena a tener que seguir un buen puñado de normas para ser buenos. Pero no es así cuando consideramos lo que significa el término *santo*. En realidad quiere decir estar dedicado o conectado a Dios. Nuestra «bondad» no tiene nada que ver con la santidad. Es la gracia divina la que trata con nuestro pecado, y no que seamos buenos. Pero podemos elegir ser santos. Podemos escoger ser dedicados a Dios y a su propósito. Jesús acoge a los pecadores en su club.

Gracias, Jesús, por permitirme ser parte de tu Club Santo. Te entrego mi vida con el fin de que la uses para tu buen propósito. Amén.

Curiosidad del reino

Busquen el reino de Dios por encima de todo lo demás y lleven una vida justa, y él les dará todo lo que necesiten.

MATEO 6.33 NTV

¿Eres curioso? A algunos les gustaría saber cómo funcionan las cosas, mientras que a otros les interesa la historia, el deporte o la música.

Deberíamos ser curiosos, pero Dios quiere que lo seamos más aún del futuro que Él ha planeado para nosotros.

Podemos sentir curiosidad sobre muchas cosas que jamás nos conducirán más cerca de Dios. Estas distracciones podrían ser una pérdida de tiempo y demorar nuestro aprendizaje de lo que Él quiere que hagamos.

La Palabra de Dios nunca afirma: «Busquen primero los trucos para engañar en el juego» o «Busquen primero el campo de fútbol» o incluso «Busquen primero sacar sobresaliente en todo».

Aunque podría no haber nada malo en el juego, los deportes o el trabajo escolar, Dios nos indica que «busquemos el Reino de Dios».

Muchos saben que deberían buscar a Dios, pero en realidad no lo hacen nunca. Un culto de fin de semana en la iglesia es el máximo de curiosidad que alcanzan. Dios quiere que seamos más inquisitivos. Nos da permiso para que seamos curiosos cada día del año.

¡Sé más curioso!

Amado Dios, tú nunca te escondes de mí, sino que siempre quieres que te busque. Tu Palabra me muestra la mejor forma de vivir, las razones para amar y los dones que tienes para mí. Si no soy lo bastante curioso para leer lo que dices, tal vez nunca sepa que tienes planes para mí. Ayúdame a buscar. Ayúdame a encontrar. Amén.

Las palabras que pronunciamos

*No empleen un lenguaje grosero ni ofensivo. Que
todo lo que digan sea bueno y útil, a fin de que sus
palabras resulten de estímulo para quienes las oigan.*

EFESIOS 4.29 NTV

L as palabras son muy importantes. Pero no solo
ellas; también nuestra *forma* de pronunciarlas.
Puedes decir las palabras correctas, pero de un modo
que lleva a los demás a pensar que en realidad no es
lo que pretendes expresar.

En ocasiones puedes usar palabras que
distraen a las personas de lo que estás afirmando
verdaderamente. Esto puede resultarle confuso a tu
interlocutor.

Podemos decirles a otros que amamos a Dios
y que queremos seguirle, pero a continuación usar
lo que Él denomina un *lenguaje grosero y ofensivo*.
Podrían ser palabras que oímos en boca de otros cada
día, pero cuando nosotros las articulamos causamos

que piensen que no somos serios a la hora de seguir a Dios. ¿Por qué? Estas palabras no muestran cómo es Dios. Él quiere que hablemos de una forma distinta.

Resulta fácil ser ofensivo en nuestra manera de hablar o usar un lenguaje que sabemos inadecuado, pero Dios señala: *Que todo lo que digan sea bueno y útil, a fin de que sus palabras resulten de estímulo para quienes las oigan.*

Padre celestial, tú quieres que yo escoja mis palabras con cuidado. Debería usar palabras que alienten a otros, y no debería maltratar ni ofender a las personas con mi lenguaje. Ayúdame a pronunciar palabras que te honren, que muestren y hablen más de ti. Amén.

41

Empieza bien– acaba fuerte

[Daniel dijo] ¡Alabado sea por
siempre el nombre de Dios!
Suyos son la sabiduría y el poder...
A los sabios da sabiduría,
y a los inteligentes, discernimiento.

DANIEL 2.20-21 NVI

L a Biblia contiene historias de personas que meten la pata. Dios rescató a asesinos, mentirosos, engañadores y todo tipo de seres humanos poco dignos de confianza. Tal vez quiso compartir sus historias para que viéramos que Él puede cambiar de verdad nuestra forma de pensar, de actuar y de vivir.

Vemos a tantas personas que quizás empezaron mal, pero que al final acabaron bien. A Dios le encanta rescatar a las personas de sus elecciones pecaminosas.

Pero a Él también le interesa ayudarnos a aprender a hacer buenas elecciones y a que estas

formen parte de nuestra vida cotidiana. No somos perfectos, pero podemos convertir el seguir a Dios en una prioridad. Él quiere que empecemos bien y que acabemos fuertes.

Daniel fue uno de esos individuos. Confió en Dios, obedeció sus leyes y sirvió en condiciones difíciles.

Si has oído hablar de Daniel tal vez recuerdes que fue echado a un foso de leones hambrientos como castigo por orar. Confío en Dios y Él lo mantuvo a salvo.

Amado Dios, tú quieres que yo acepte tu plan de rescate independientemente de dónde me encuentre. Daniel tomó la decisión de seguirte desde el comienzo de su vida, y siguió haciéndolo toda su existencia. Tú me puedes rescatar de las malas elecciones, pero también te complaces cuando confío —y obedezco— hoy. Gracias por rescatarme. Amén.

42

Competición

*Así mismo, el atleta no recibe la corona de
vencedor si no compite según el reglamento.*

2 TIMOTEO 2.5 NVI

tleta. Vencedor. Competir. ¿Acaso es la Biblia
un manual de instrucciones para jugar en el
patio, en el campo o en la pista? Aunque es un buen
consejo para cualquier atleta, 2 Timoteo 2.5 habla
de vivir una vida de fe. Podemos verlo si leemos
los versículos que lo rodean; comprueba 2 Timoteo
1.3–2.13.

Vivir una vida de fidelidad a Cristo no es fácil.
Vendrán épocas cuando veas a otros tomar atajos, y
podrías sentir la tentación de imitarlos. La parte más
dura es cuando ves a otros alcanzar el éxito sin haber
seguido las normas. Podrías encontrarte en algún
lugar cerca de la mitad o al final del pelotón... porque
jugaste limpio. Estabas siendo bueno y fiel a Cristo y,
sin embargo, de alguna manera perdiste.

¡No tires la toalla! Sigue viviendo una vida de fe, y en el momento que cuenta de verdad, recibirás la corona del vencedor. Las cosas podrían no ser justas en el día a día. Pero si permanecemos fieles a Cristo, Él nos recompensará en el cielo.

¡Gracias, Jesús, por recordarme que sea fiel a ti! Cuando me desaliento al ver que otros toman atajos, mantenme fuerte. Te amo, Señor. Amén.

43

Estímulo en las historias

*De hecho, todo lo que se escribió en el pasado
se escribió para enseñarnos, a fin de que,
alentados por las Escrituras, perseveremos
en mantener nuestra esperanza.*

ROMANOS 15.4 NVI

¿Por qué deberíamos leer la Palabra de Dios? Consideremos de nuevo el versículo.

La primera razón es *para enseñarnos.* Aprendemos cuando leemos la Biblia. Es un manual de instrucciones, un libro de texto, una biografía, un libro de cánticos e incluye poesía. Podemos aprender sobre Dios por medio de lo que leemos.

La segunda razón es que vemos el resultado de lo que sucede cuando las personas viven experiencias difíciles mientras siguen a Dios. Podríamos pensar que no merece la pena seguir cuando estamos viviendo días malos, pero si leemos la Biblia encontramos toda clase de personas que descubrieron que Dios siempre ha estado dispuesto y ha sido capaz de cuidar de ellos.

Otra razón para pasar tiempo con Dios es hallar estímulo en las historias. Todos necesitamos ser alentados. Podrías enfrentarte a una situación que, con toda seguridad en tu opinión, nadie más ha afrontado. La Biblia puede demostrar que nunca has estado solo.

También hallarás esperanza cuando te acerques más a Dios. Permanece firme. Dios te ayudará en los días más difíciles.

Amado Dios, tú quieres que pase tiempo contigo. Puedo leer más sobre ti. Puedo aprender también cómo es confiar realmente en ti. Ayúdame a tomarme el tiempo de descubrir tus historias leyendo tus palabras. Amén.

44

Él no decepciona nunca

*[Dios dijo] no quedarán avergonzados
los que en mí confían.*
ISAÍAS 49.23 NVI

Tu amigo prometió salir contigo después de la escuela. Nunca se presentó ni llamó. Estabas emocionado con la idea de un viaje escolar, pero se anuló en el último minuto. Habías estado esperando largo tiempo para ver una película, pero al llegar al cine ya no la echaban.

La decepción. Es como un gatito perdido que nos sigue sin cesar cuando querríamos que se marchara a casa y que nos dejara en paz. Nuestros planes se ven interrumpidos por la desilusión. Luchamos por tener esperanza cuando nos sentimos decepcionados. Confiar en los demás es más difícil cuando aparece el desencanto.

La Palabra de Dios declara *No quedarán avergonzados los que en mí confían.* Se puede confiar en Él más que en cualquier otra persona que conozcas. Cuando Él indica que hará algo, más que una promesa es una garantía. Él acepta, perdona y recompensa a quienes convierten el buscarle en su prioridad número uno.

Cada vez que te sientas decepcionado, recuerda que si Dios es realmente la prioridad más importante de tu vida, la parte más relevante de tu vida, no te desilusionará jamás. Espera en Él.

Señor, tú quieres que vea cómo es la fidelidad. Has hecho numerosas promesas, y siempre las cumples. Ayúdame a buscar la esperanza como si fuera un tesoro perdido. Ayúdame a recordar que siempre hallará esperanza en ti. Amén.

45

Errar al blanco

Si afirmamos que no tenemos pecado, lo único que hacemos es engañarnos a nosotros mismos y no vivimos en la verdad; pero si confesamos nuestros pecados a Dios, él es fiel y justo para perdonarnos nuestros pecados y limpiarnos de toda maldad.

1 JUAN 1.8-9 NTV

El mundo está lleno de buenas personas. Hay doctores y maestros, filántropos y misioneros, voluntarios y cuidadores. Incluso decir hola a nuevo alumno en clase o ayudar a un vecino a rastrillar hojas son cosas buenas. Ellas hacen que el mundo sea un lugar mejor. Y si comparas a las buenas personas con alguien como Hitler o Pol Pot (busca si no sabes quién es), ¡de repente parecen perfectas!

¿Puedes ser una buena persona y aun así pecar? El término *pecado* significa errar el blanco... como en un campo de tiro. ¿A qué diana se supone que debes atinar? ¡No eres tan malo como la mayoría de

las personas! La comparación que deberíamos estar estableciendo no es respecto a los demás, sino a Dios. Si no somos perfectos como Él, hemos errado el blanco, hemos pecado. Y la verdad es que todos somos pecadores. Pero aquí tienes la buena noticia: si confesamos nuestro pecado, Dios nos perdonará. Y no solo eso, sino que nos lavará por completo de todo lo que no es bueno, si se lo permitimos.

Jesús, resulta difícil admitir que soy un pecador. Pero entonces considero tu vida perfecta, y sé que no doy la talla. Perdóname. Amén.

46

Dios está a nuestro favor

Si Dios está a favor de nosotros, ¿quién
podrá ponerse en nuestra contra?
ROMANOS **8.31** NTV

Algunos días todo va mal. Olvidas tu proyecto escolar, te despiertas tarde y tu perro visita el buffet del cubo de la basura de la cocina.

Cuando llegas a la escuela no encuentras a tu mejor amigo, estudiaste las páginas equivocadas para el examen y están jugando a un juego que odias en Educación Física.

Son muchas las razones que nos pueden desalentar, pero cuando prestamos atención a la Palabra de Dios descubrimos que no hay un motivo real para estar frustrado. Dios está a nuestro favor.

Piensa eso durante un minuto. Todas las cosas malas del mundo no conseguirían impedir que Dios estuviera a nuestro favor. Nada que alguien

pudiera hacer lograría que Él dejara de ayudarnos, enseñarnos y amarnos.

Todos los que nos rodean pueden hacer horas extras para desalentarnos, pero Dios escribió sus palabras para alentarnos. Él quiere que tengamos éxito, que seamos confiados y sabios. Aunque sabe que de vez en cuando nos desilusionaremos, quiere que ese desaliento acabe en cuanto recordemos una noticia realmente extraordinaria. *Dios está a nuestro favor.*

Amado Dios, acércame a ti cuando estoy desalentado. Mis días difíciles no están a la altura de tu estímulo. Mi tristeza es una invitación a pasar tiempo contigo. Mis momentos de frustración me dan la oportunidad de confiar en tu capacidad de liderar. Ayúdame a buscar hoy tu aliento. Amén.

47

Escoge la sinceridad

*Dejen de mentirse unos a otros, ahora que se han
quitado el ropaje de la vieja naturaleza con sus vicios, y
se han puesto el de la nueva naturaleza, que se va
renovando en conocimiento a imagen de su creador.*

COLOSENSES 3.9-10 NVI

Las personas tienen muchas razones para mentir.
Tal vez piensan que un embuste los sacará de
apuro o que impedirá que se metan en problemas. No
importa por qué decide mentir una persona; Dios nos
indica que *dejemos de mentir.*

La mentira es parte de nuestro viejo yo. Cuando
seguimos a Dios aprendemos el valor de decir la
verdad, y la sinceridad marca una diferencia positiva
en cómo piensan los demás de nosotros.

Aceptar el plan de rescate de Dios significa
que somos nuevos y diferentes. Ayudamos a otros,
compartimos a Jesús y nos volvemos más parecidos
a lo que Dios quiere que seamos.

Cuando mentimos tenemos que recordar cada historia que contamos, pero cuando decimos cosas distintas a personas diferentes resulta difícil mantenerlas todas. Que nos pillen en una mentira complica el que otros confíen en nosotros.

Facilita las cosas, di la verdad.

Padre, tú quieres que yo diga la verdad, no solo parte del tiempo, sino siempre. Quiero que mi familia y mis amigos confíen en mí, de modo que ayúdame a ser veraz aun cuando meto la pata. Ayúdame a ser lo bastante valiente como para ver que la sinceridad es la mejor respuesta. Amén.

Distracciones

*Estudiaré tus mandamientos
y reflexionaré sobre tus caminos.*
SALMOS 119.15 NTV

Tal vez hayas afirmado algo como «Dios, hoy voy a leer tus palabras, y ver si puedo dilucidar lo que significan». Realmente quieres hacerlo, pero tu mente se distrae, y no pareces poder pensar con claridad.

Recuerdas algo que hiciste la semana pasado, algo que quieres hacer esta noche, un programa de televisión favorito o un equipo deportivo. Tu mente puede pensar en casi cualquier cosa, excepto en aquello que quieres que reflexione. ¡Hablando de frustración!

Las distracciones son normales. Le ocurren al más pintado. Tal vez por ello es tan importante pasar tiempo con Dios. Nos ayuda a aprender a pensar sobre lo que Él quiere que hagamos. Cuando conviertes el encontrarte con Dios en algo tan

normal como la comida de mediodía, te sorprenderá lo mucho que puedes aprender en medio de las distracciones.

Puede ser que nunca desaparezcan por completo, pero no deberían impedir que te unas a Dios en la aventura de tu vida.

Amado Dios, tú nunca quieres que use las distracciones como excusa para no pasar tiempo contigo. Las palabras que leo en la Biblia son tuyas, y me las das para que pueda ser sabio en mi modo de caminar contigo. No quiero imaginar lo que tú quieres. Ayúdame a llegar a conocerte para poder escoger tu camino. Amén.

Ningún otro nombre

Pues es Jesús a quien se refieren las Escrituras cuando dicen: "La piedra que ustedes, los constructores, rechazaron ahora se ha convertido en la piedra principal". ¡En ningún otro hay salvación! Dios no ha dado ningún otro nombre bajo el cielo, mediante el cual podamos ser salvos.

HECHOS 4.11-12 NTV

E n las iglesias de todo el país, los misioneros hablan de su trabajo por todo el mundo. Tal vez tengan imágenes distintas de grupos de personas diferentes para compartir, pero el mensaje es el mismo: «¡Estas personas necesitan oír hablar de Jesús!».

¿Por qué les preocupa a los misioneros que las personas de otros países escuchen sobre Jesús? ¿No estarán cambiando la religión de otra cultura? ¿Y acaso no son todas las religiones muy parecidas? La Biblia afirma que existe un solo camino a la

salvación: Jesucristo. No todas las religiones oran al mismo Dios. El cristianismo es único en ese sentido.

Sin embargo, la salvación de Jesús no solo es para las personas del otro lado del océano. Es para ti, para tu familia y tus amigos y para el vecino al final de la calle. Es para todos nosotros, justo aquí. De manera que la pregunta es, ¿conoces la salvación de Jesús para ti? ¿Conoces a otros que necesitan oír sobre Él? La Biblia afirma que los discípulos de Jesús eran hombres corrientes. Pero tenían valor para hablarles a otros sobre Cristo. ¡Tú también puedes hacerlo!

Jesús, sé que la salvación solo procede de ti. Dame valor para hablarles a mis amigos cuando siento que tú me los estás pidiendo. Pon en mi boca las palabras correctas que debo pronunciar en ese momento.
Amén.

Todos están invitados

*Porque, por medio de él, Dios creó todo lo que
existe en los lugares celestiales y en la tierra. Hizo
las cosas que podemos ver y las que no podemos ver,
tales como tronos, reinos, gobernantes y
autoridades del mundo invisible.
Todo fue creado por medio de él y para
él. Él ya existía antes de todas las cosas y
mantiene unida toda la creación.*

COLOSENSES 1.16-18 NVI

En el principio Dios lo creó todo y lo definió como
«bueno». Las cosas que vemos. Las invisibles. Las
que están en la tierra y en el cielo. Dios las hizo todas.

Nada puede existir sin Dios. Él es el Único que
puede mantenerlo todo junto.

La Palabra de Dios declara que el Único
verdaderamente bueno es Dios, pero porque Él nos
creó a todos, ninguno de nosotros es mejor que
otro. Él no se fija en el color de nuestra piel ni en

nuestro lugar de residencia. Siempre mira nuestros corazones. Personas de todo tipo de color de piel pueden tomar malas decisiones.

Nuestras elecciones, y no nuestra cultura o nuestro trasfondo, son los que más dicen de quiénes somos. La mejor noticia es que *todos* estamos invitados a seguir a Dios.

Señor, tú quieres que yo entienda que aunque alguien sea diferente a mí, tú sigues amándolo. Todos nosotros tenemos la elección de seguirte, pero ninguno puede escoger dónde nacer o el color de su piel. Ayúdame a recordar que todas las personas pueden amarte y que tú las amas a todas. Amén.

51

Lo bastante curioso como para seguir preguntando

*Si necesitan sabiduría, pídansela a nuestro
generoso Dios, y él se la dará; no los reprenderá
por pedirla. Cuando se la pidan, asegúrense de que
su fe sea solamente en Dios, y no duden, porque
una persona que duda tiene la lealtad dividida
y es tan inestable como una ola del mar que el
viento arrastra y empuja de un lado a otro.*

SANTIAGO 1.5-6 NTV

¿Por qué nos dio Dios la Biblia? Él sabía que
tendríamos preguntas. A Él no le molesta
que inquiramos, sino que quiere que confiemos en Él
aun cuando no nos guste la respuesta.

Muchas personas preguntan por qué Dios actúa
como lo hace, pero en realidad no quieren una
respuesta. Sus preguntas pueden mostrar que no
confían en Dios, o que están intentando hacer que
otros duden de Él.

Las respuestas de Dios siempre nos ayudan a fortalecer nuestra fe.

Resulta fácil dudar cuando nunca has visto nada con tus propios ojos. Por esta razón, la fe es importante. Consiste en ser capaz de creer que algo es verdad y fidedigno sin verlo primero.

Haz preguntas y a continuación abre la Biblia. Allí es donde encuentras las respuestas. Cuando no lees la Palabra de Dios es fácil confundirse.

Cuando tenemos dudas, la fe da un paso al frente y cree que Dios puede hacernos lo bastante sabios como para entender, pacientes para esperar y curiosos para seguir preguntando.

Padre, tú no quieres que esté confuso o que formule preguntas que no quiero que contestes. Tú quieres que confíe en ti para responder y creer que tus respuestas son perfectas. Ayúdame a aceptar tus respuestas. Amén.

52

El corazón de un siervo

Entonces esas personas justas responderán:
"Señor, ¿en qué momento te vimos con hambre
y te alimentamos, o con sed y te dimos algo de
beber, o te vimos como extranjero y te brindamos
hospitalidad, o te vimos desnudo y te dimos ropa, o
te vimos enfermo o en prisión, y te visitamos?". Y
el Rey dirá: "Les digo la verdad, cuando hicieron
alguna de estas cosas al más insignificante de
estos, mis hermanos, ¡me lo hicieron a mí!".

MATEO 25.37-40 NTV

L a Biblia habla de los hambrientos, los sedientos, los extranjeros, la persona que necesita ropa, los enfermos y los presos. Muchos buenos ministerios empezaron justo para estas personas. Muchas iglesias sostienen económicamente estos ministerios. Otras congregaciones envían voluntarios. Pero, ¿con cuánta frecuencia vemos a los que sufren y a los indefensos a nuestro alrededor?

Defender a un compañero de clase que está siendo acosado, sentarse con un nuevo estudiante en el comedor, ayudar a tu hermana pequeña después de su caída de la bicicleta, todas estas son formas de ofrecer el amor de Dios a los que nos rodean. Tener un corazón de siervo significa fijarse en el «más insignificante de estos», y actuar en consecuencia.

Jesús, quiero servirte. Quiero poder ver a los demás con tus ojos. Dame el valor de ayudar cuando veo a alguien en necesidad. Gracias por ser el ejemplo del siervo para mí. Amén.

Estímulo serio

Preocupémonos los unos por los otros, a fin de estimularnos al amor y a las buenas obras.
HEBREOS 10.24 NVI

Todos tenemos amigos que quieren salir, jugar a un videojuego, ver una película o tomar un refresco. No muchos de nosotros tenemos amistades que nos pregunten si queremos cortar el césped en el jardín de un vecino, servir en un comedor social, ayudar con niños pequeños o visitar una residencia de ancianos.

La Palabra de Dios declara que deberíamos pensar en serio sobre formas de poder alentar a otros cristianos a amar a las personas y hallar maneras de ayudarlas.

Con frecuencia pensamos que después de haber invertido nuestro tiempo en la escuela, haciendo tareas, durmiendo y comiendo, el resto está a nuestra disposición para que hagamos aquello que nos gusta.

Si Dios es aquel a quien seguimos, tiene que estar a cargo de *todos* los ámbitos de nuestras vidas, y no solo de aquellos que se le permitan controlar.

Podría sonar extraño, pero cuando seguimos a Dios podemos alentar a otros encontrando nuevas formas de actuar como lo haría Jesús. Usamos nuestras manos, nuestros pies, nuestras palabras y nuestro dinero para honrar a Dios y servir al pueblo al cual Él ama.

Amado Dios, tú quieres que te sirva, pero también alientas a otros a servir, Una de las mejores razones para servir es demostrar lo mucho que puedes cambiar mi forma de hacer las cosas. Ayúdame a ser creativo y a servirte bien. Amén.

El cachorro fuera del zoo

*No envidies a los pecadores,
en cambio, teme siempre al Señor.*
PROVERBIOS 23.17 NTV

magina que estás planeando visitar un zoo asombroso. Sueñas durante días sobre cómo sería ver leones, tigres, osos y otros animales con nombres impronunciables. De camino al zoo ves a alguien con un cachorro. ¿Desistirías de hacer un viaje al zoo por jugar con un cachorro?

Debería ser una elección fácil, pero es necesario recordar que a veces renunciamos a lo mejor de Dios intentando actuar como quienes no conocen a Jesús. Cuando la Biblia habla de la envidia significa que queremos algo que otro tiene. Cuando envidiamos a los pecadores, estamos afirmando que queremos las cosas que Dios nos ha dicho que no necesitamos, que él no quiere que tengamos y hará que le desobedezcamos.

Cuando se nos dice que «temamos siempre al Señor», se nos pide que entendamos que no hay nada ni nadie más asombroso que Dios. Cuando dejamos de prestarle atención a Él empezamos a pensar que otras cosas podrían ser más sorprendentes. Cuando hacemos esta elección es como jugar con un cachorro fuera del zoo. No te conformes nunca con nada menos que Dios.

Señor, ayúdame a no pensar nunca que algo se puede comparar a lo asombroso que tú eres. Ayúdame a recordar que cuando peco estoy afirmando que en mi opinión tú no sabes qué es lo mejor para mí. Ayúdame a confiar siempre en ti. Amén.

Juegan en nuestro equipo

*Ya no hay judío ni griego, esclavo ni libre,
hombre ni mujer, sino que todos ustedes
son uno solo en Cristo Jesús.*

GÁLATAS 3.28 NVI

Vas a la iglesia con personas que conoces.
Cantas con ellos cada fin de semana y vas a
la escuela con algunos de ellos durante la semana.
Puedes sentirte realmente cómodo en tu iglesia, y eso
es bueno.

Ahora, piensa en cómo sería traer cristianos de
cada nación que se te pueda ocurrir y ponerlos en el
mismo edificio durante un culto de fin de semana.
¿Cómo te sentirías de cómodo?

En ocasiones podemos pensar que los únicos
cristianos en los que podemos confiar y con los
que podemos hablar son aquellos que acuden a
nuestra iglesia o escuela. Estamos a gusto con las

personas que viven en nuestro vecindario o juegan en nuestro equipo.

Nuestro versículo está expresando algo parecido a «No hay águila, oso, búfalo o carnero. No hay asiático, caucasiano, afroamericano o español. Trabajamos por un mismo equipo: el de Dios».

A veces no actuamos así, pero estas son las normas según el libro de jugadas de Dios. Él nunca quiere divisiones entre las personas. Nos dio un plan para que estuviéramos unidos. Esto debería suceder cuando cualquier acepta el plan divino rescatador de la salvación.

Padre celestial, siempre has querido que sepa que no soy el único que quiere servirte. Muchas personas que no he conocido nunca, te aman. Ayúdame a amar a todos aquellos que te aman. Amén.

Dormir a pierna suelta

Hijo mío, conserva el buen juicio;
no pierdas de vista la discreción.
Te serán fuente de vida, te adornarán como un
collar. Podrás recorrer tranquilo tu camino, y tus pies no
tropezarán. Al acostarte, no tendrás temor alguno;
te acostarás y dormirás tranquilo.

PROVERBIOS **3.21-24** NTV

C uando eras pequeño, ¿no le tenías miedo al
hombre del saco? Cuando has crecido, ¿sigues
asustándote de las cosas malas que ocurren en el
mundo?

El rey Salomón, el hombre más sabio que
viviera jamás, escribió el libro de Proverbios a su
hijo. Cuando lo leemos, es como si estuviéramos
escuchando una conversación. Piensa en ello de esta
forma: Salomón tiene su brazo sobre el hombro de su
hijo y está compartiendo los secretos de la vida que
Dios le ha revelado. A veces acude un pensamiento

a su mente y lo deja escapar, de manera que se obtienen unos proverbios que parecen inconexos. Otras veces intenta describir algo como la sabiduría, y alude a ella con mayor emoción.

En estos versículos, el rey insta a su hijo a aferrarse a la sabiduría. Ser sabio mantendrá a su vástago a salvo porque las decisiones sabias impedirán que tropiece. Hoy ocurre lo mismo con nosotros. No tienes por qué temerle al hombre del saco. Aprende la sabiduría de las escrituras, y duerme a pierna suelta.

Señor, ayúdame a tomar decisiones sabias para que no tropiece. Quita mis temores. Amén.

Más fácil de culpar

*Entonces el SEÑOR Dios le preguntó
a la mujer: ¿Qué has hecho?
La serpiente me engañó —contestó ella—. Por eso comí.*
GÉNESIS **3.13** NTV

Todos pecamos. Dios nos advirtió que así sería. A veces no queremos admitirlo.

Es más fácil culpar a los demás. Tal vez quieras echarle la culpa a un miembro de tu familia que te enojó o a un maestro que te dio más deberes de los que te parecían justos.

Cuando el primer hombre y la primera mujer (Adán y Eva) cometieron el primer pecado, no buscaron a Dios y se disculparon. No pidieron perdón. Ni siquiera admitieron lo que habían hecho. Adán culpó a Eva por darle un fruto del árbol prohibido, y ella atribuyó la culpa a la serpiente por ser engañosa. Hombres, mujeres, niños y niñas han estado haciendo lo mismo desde entonces.

Todos nosotros podemos salir con una excusa por nuestro pecado. Dios nunca las acepta, pero ofrece perdón cuando reconocemos que nos hemos equivocado.

Es difícil ser amigos de Dios cuando nos negamos a ser sinceros con Él. A veces olvidamos que Él ya sabe lo que hacemos. Intentar escondernos o culpar a los demás no funciona nunca.

Amado Dios, tú quieres que sea sincero contigo. No debería culpar nunca a nadie por las malas elecciones que hago. Mi pecado es una razón para orar ahora mismo, poder ser perdonado, y que me ayudes a elegir mejor. Ayúdame a recordar que debo ser siempre sincero contigo. Amén.

58

Cambiar el fracaso por el éxito

*[Jesús dijo] Mi gracia es todo lo que necesitas; mi
poder actúa mejor en la debilidad». Así que ahora
me alegra jactarme de mis debilidades, para que
el poder de Cristo pueda actuar a través de mí.*

2 CORINTIOS 12.9 NTV

Dios lo sabe todo. Nosotros solo conocemos lo
que aprendemos. En ocasiones, nuestros propios
errores son los que nos enseñan.

El pecado siempre es fracaso, pero no a la inversa.
Intentar algo que sencillamente no funciona es
fracasar. Pero no tenemos que aprenderlo todo por
medio de la prueba y del error, porque Dios ya nos
dio sus mandamientos, de manera que en realidad no
tenemos excusa por no aprenderlos.

Dios sabe que fallaremos, de modo que nos
muestra su poder mediante el perdón de nuestros
pecados y nos alienta en nuestros fracasos.

Aquello que no podemos hacer por nosotros mismos son cosas que a Dios no le cuesta lo más mínimo hacer. Cuando somos débiles, no debería sorprendernos ver cómo la fuerza de Dios puede realizar aquello que nosotros no podemos.

Como cristianos somos parte de la familia de Dios. Siendo esta nuestra condición podemos hablarle de todo. Él quiere enseñarnos por medio de nuestros fracasos y ayudarnos en nuestra debilidad. Le gusta convertir el fracaso en éxito.

Señor, tú quieres que sea un estudiante que aprende de ti y acepta tu ayuda cuando falle. Ayúdame a recordar que no tengo por qué esconderme de ti. Tus lecciones no siempre son fáciles, pero me ayudan a encontrar mi lugar en tu plan, y descubrir tu fuerza en mi debilidad. Amén.

59

Música

A cada árbol se le reconoce por su propio fruto.
No se recogen higos de los espinos ni se cosechan
uvas de las zarzas. El que es bueno, de la bondad
que atesora en el corazón produce el bien; pero el
que es malo, de su maldad produce el mal, porque
de lo que abunda en el corazón habla la boca.

Lucas 6.44-45 NVI

esde el amanecer de los tiempos, los seres humanos han tenido una conexión con la música. Es una forma profundamente personal de comunicación que llega a lo más profundo de nuestro ser.

Independientemente del tipo de música que te atraiga, deberías echarle una mirada sincera. La Biblia afirma: «A cada árbol se le reconoce por su propio fruto». Si la música es el árbol, las palabras son el fruto. ¿Qué comunican las palabras? ¿Son coherentes con lo que se encuentra en la Biblia?

Cuando escuchas música estás almacenando cosas en tu corazón, buenas o malas. No hay una clase música correcta o incorrecta. Todos los géneros de música tienen buenas y malas canciones... ¡hasta la música de adoración! Depende de ti decidir si están alineadas con la enseñanza de la Biblia. Esto exige un esfuerzo por tu parte. Es un reto importante, porque la Biblia declara: «De lo que abunda en el corazón habla la boca».

Señor, me gusta la música. Quiero honrarte con ella. Recuérdame que me tome el tiempo de escuchar las palabras que entono. Dame el valor y la fuerza de voluntad para cambiar mi lista de canciones. Amén.

60

Prepararse para la siguiente fase

*[Jesús dijo] El que es honrado en lo poco también
lo será en lo mucho; y el que no es íntegro en
lo poco tampoco lo será en lo mucho.*

LUCAS **16.10** NVI

Dios está buscando a chicos fieles de tu edad. Su plan para su futuro es asombroso, pero Él sabe que necesitan entrenamiento para la siguiente fase de su aventura.

Imagina que Dios te estuviera diciendo: «Tengo algo que solo tú puedes hacer, y quiero que empieces a entrenarte hoy para que estés preparado».

Lo más probable es que te sientas entusiasmado. Dios tiene un plan, y quiere que estés listo. «¿Qué quieres que haga, Señor?», preguntas.

«Obedece a tus padres y limpia tu habitación», es la respuesta.

¡Espera! ¿Qué tiene esa historia que ver con el plan de Dios? Con frecuencia Él nos pide que hagamos cosas sencillas, pero menos emocionantes para ver si seremos fieles y haremos nuestro mejor esfuerzo. Aprendemos la paciencia, la obediencia y la fidelidad cuando hacemos bien las pequeñas cosas.

Si se nos pueden confiar cosas poco importantes, también se nos pueden encomendar otras mayores. Si no somos capaces de cuidar de las cosas más insignificantes, Dios podría tener que esperar hasta que seamos confiables para mostrarnos el paso siguiente en sus planes de entrenamiento para nosotros.

Amado Señor, tú quieres que sea el ejemplo probado de alguien que te sigue de verdad. Ayúdame a obedecer incluso cuando crea estar preparado para mayor responsabilidad. Amén.

61

Perfectamente diseñado

¡Gracias por hacerme tan maravillosamente complejo!
Tu fino trabajo es maravilloso, lo sé muy bien.
SALMOS **139.14** NTV

Las articulaciones permiten que los dedos de las manos y de los pies se muevan. Tus ojos te permiten ver colores, texturas y el rostro de las personas que conoces. A través de tus oídos percibes la música, las voces y la naturaleza.

Nuestros cuerpos son el resultado de un Dios amoroso sabedor de que necesitaríamos dedos que se curvan para sostener una taza de agua, un cerebro que entiende el color y oídos inspirados por el sonido.

Dios te elaboró e hizo de ti una creación maravillosa, extremadamente compleja y perfectamente diseñada.

El escritor de los salmos nos muestra que dar las gracias a Dios es una forma extraordinaria de

responder cuando pensamos en cómo Él nos hizo,
aun cuando no creamos ser perfectos, porque no
nos gusta algo en nosotros, o cuando un accidente,
una lesión o una enfermedad nos hacen sentir
menos que perfectos. Nuestros cuerpos no son para
siempre, pero nuestras almas pueden vivir con Dios
por toda la eternidad. Por asombrosos que sean
nuestros cuerpos, a Él le interesa más la condición de
nuestras almas. Cuando le damos gracias a Dios por
la creación de nuestros cuerpos, es una señal de que
nuestras almas están en buena forma.

*Padre, tú quieres que sea agradecido por la forma en
que me creaste. Ayúdame a ver las partes asombrosas
de cómo me hiciste. Sé que cuando me diste vida, me
proporcionaste un futuro. Amén.*

62

¡No te demores!

Me doy prisa, no tardo nada para
cumplir tus mandamientos.
SALMOS 119.60 NVI

C uando desobedeces a tus padres no tardas en descubrir que la obediencia habría tenido mucho mejor resultado que el coste de malas elecciones. Dios bendice el vivir correctamente, pero cuando pecamos contra los mandamientos divinos hay consecuencias.

Cuando obedecemos descubrimos que nos sentimos satisfechos con nuestras decisiones. No tenemos que darle vueltas a si hemos tomado la decisión adecuada. La seguridad que Dios nos da de que estamos haciendo lo apropiado facilita el obedecer sin pasar demasiado tiempo pensando en una elección diferente.

Cada cosa que escogemos forma parte de una carrera que realizamos durante toda la vida, y elegir

de la mejor manera posible nos permite acabar la competición con fuerzas.

Tampoco deberíamos decir «Tal vez mañana», cuando se trata de obedecer a Dios. Cuanto más nos demoremos, más difícil resultará tomar la decisión correcta. Sentimos la tentación de transigir, lo que nos conduce a una elección que no es del todo lo que Dios nos pidió que hiciéramos.

Cuando sabes qué es lo acertado, nunca existe una buena razón para que demores la obediencia.

Jesús, tú quieres que yo decida que obedecerte es más importante que intentar encontrar una salida. Ayúdame a aceptar que estoy roto por dentro cuando desobedezco y que tú eres el único que puede reparar el quebranto que me impide obedecerte por completo. Amén.

63

Descubriendo a Dios

*Yo soy el que soy. Dile esto al pueblo
de Israel: "Yo soy me ha enviado a
ustedes". Dios también le dijo a Moisés:
—Así dirás al pueblo de Israel: "Yahveh, el Dios
de sus antepasados, el Dios de Abraham, el Dios
de Isaac y el Dios de Jacob, me ha enviado a
ustedes. Este es mi nombre eterno, el nombre que
deben recordar por todas las generaciones".*

ÉXODO **3.14-15** NTV

Aiden era un niño divertido en su grupo de
jóvenes. Siempre estaba dispuesto a reír, y sus
bromas tampoco solían ser a expensas de los demás.
Una semana, el líder preguntó: «Cuando piensas en
Dios, ¿qué imagen te viene a la mente?». Los niños
proporcionaron todo tipo de respuestas. Algunos
pensaban en Dios como una luz resplandeciente.
Otros lo veían como un rey sentado en un trono.
Unos pocos lo imaginaban como un anciano.
Entonces Aiden alzó la mano. Todos esperaban que

su respuesta fuera tonta, pero él respondió: «Cuando pienso en Dios, lo veo de pie detrás de una gran sábana. Al principio, lo único que puedo ver son sus manos y sus pies que sobresalen, porque Él es más grande que la sábana. Es lo único que sé de Él en un comienzo. Pero después vengo a la iglesia y aprendo más sobre Dios, de manera que la sábana se va retirando un poquito. Leo mi Biblia y cuanto más leo, más se retira de la sábana».

Salta varios miles de años atrás. Moisés está en camino para hablarles a los israelitas de Dios. Pero, ¿y si no lo aceptan? Entonces Dios retira una parte de la sábana. Le indica a Moisés cuál es su nombre personal. Dios quería que su pueblo supiera que Él estaba presente para ellos, y para siempre. ¡Vaya! Dios también quiere que tú le conozcas de forma personal. ¿Qué esperas?

Señor, quiero saber más de ti. Gracias por preocuparte tanto de mí que prefieres decirme más sobre ti. Amén.

64

Los pasos correctos

Podemos hacer nuestros planes,
pero el SEÑOR determina nuestros pasos.
PROVERBIOS **16.9** NTV

Es posible que, en el fondo de tu mente, haya una carrera que planees iniciar cuando acabes la escuela. Tal vez pienses en una universidad, una escuela de comercio, o en toda una cantidad de entrenamiento.

Es posible que, en realidad, lo único que estés pensando sea en qué comerás en la siguiente comida, si puedes superar tu puntuación más alta en un juego que te gusta, o en lo tarde que te acostarás cuando seas más mayor.

Todos tenemos planes y estamos bien seguros de que podemos hacer que se materialicen, pero el simple acto de vivir puede cambiar nuestros planes. Podemos ajustarnos y adaptarnos al máximo de

nuestra capacidad, pero incluso esto podría no ser suficiente.

Nuestra mejor decisión será dejar que Dios cambie nuestros planes, si Él quiere.

Dios lo sabe todo sobre ti. Conoce tu futuro y no quiere que luches por descifrarlo. Si podemos aceptar que su plan es mucho mejor que los nuestros, será más fácil dejar que nos ayude a dar los siguientes pasos correctos.

Padre celestial, tú quieres que planee todo lo que quiero, y a continuación te permita ajustar mis planes para que siempre pueda seguirte a ti en lugar de intentar encontrarte después de haber escapado de ti. Ayúdame a avanzar siguiendo el mapa que tú has trazado para mí. Amén.

65

Gozo inspirado

El generoso prosperará,
y el que reanima a otros será reanimado.
PROVERBIOS **11.25** NTV

Los adultos hacen inversiones, porque quieren ganar más dinero del que gastan. Ahorran para acumular más de lo que tenían. Son cuidadosos con lo que adquieren porque no quieren malgastar.

La Palabra de Dios afirma que cuando las personas son generosas prosperan, pero ¿cómo se puede prosperar cuando se da todo lo que se tiene sin esperar nada a cambio?

Dar a los demás construye relaciones. Cuando ayudas a otros existen grandes posibilidades de que no olviden tu bondad. En lugar de que el dinero sea tu enfoque, inviertes en amistades que durarán mucho después de que este haya desaparecido.

Las personas a las que les importas no tienen precio. No puedes comprarlas, mendigarlas ni pensar que siempre las tendrás.

Los generosos prosperan porque entienden que el dinero no produce el gozo, pero este puede reconocerse en un corazón generoso. Damos porque hemos recibido. Compartimos, porque alguien compartió con nosotros. Amamos porque Dios nos amó.

Las personas generosas destacan para aquellos que están acostumbrados a ver egoísmo. Son recordados. Reciben gratitud. Rara vez les pesa su propia generosidad.

Amado Dios, tú quieres que sea generoso. Quieres que mi generosidad ayude a otras personas, pero también a mantenerme alejado del egoísmo. Ayúdame a dar, porque otras personas tienen necesidades, y porque aprendí de ti a dar. Amén.

66

Acosadores

*—¡No seas ridículo! —respondió Saúl—. ¡No hay forma
de que tú puedas pelear contra ese filisteo y ganarle!
Eres tan solo un muchacho, y él ha sido un hombre
de guerra desde su juventud. Pero David insistió...
¡El mismo SEÑOR que me rescató de las garras del
león y del oso me rescatará de este filisteo!*

1 SAMUEL 17.33-34, 37 NTV

Los acosadores se presentan bajo todas las formas
y tamaños. El matón más famoso de la Biblia
es Goliat, un filisteo gigante de unos tres metros de
alto. Cada día provocaba a los israelitas para que
enviaran a su mejor guerrero a luchar contra él. El
que quedara vivo ganaría la guerra. ¡Los israelitas
estaban muertos de miedo! Nadie quería pelear
contra él. Entonces David, demasiado joven para ser
soldado, apareció con comida para sus hermanos
mayores. Él sabía que se estaba insultando a Dios
y no al hombre. De manera que sería Él quien se

levantaría contra el acosador por medio de David... ¡y Dios es mayor que Goliat!

No siempre tienes que involucrarte en una pelea para luchar contra un acosador. Como David, entiende que Dios es mayor que cualquier matón. Hazte amigo de los acosados. La amabilidad puede recorrer un largo camino.

Señor, recuérdame todas las veces que peleaste por mí, para que pueda sentirme confiado cuando le hago frente a un acosador. Dame valor para trabar amistad con niños que son acosados. Amén.

67

Fuerza controlada

*Queridos hijos, que nuestro amor no quede
solo en palabras; mostremos la verdad
por medio de nuestras acciones.*
1 JUAN 3.18 NTV

Tal vez te hayan dicho que actúes como un
caballero. Quizás pensaste que quería decir
comportarse como un hombre débil, de modo que te
mantuviste callado y no hablaste con nadie.

Cuando entiendes lo que es de verdad ser un
caballero, podrías tener una opinión diferente sobre
lo que se supone que hagas con el fin de mostrar esta
cualidad a los demás.

Ser un caballero no significa mostrar debilidad de
manera intencionada. Cuando se te pide que seas un
caballero deberías recordar que Dios te dio muchos
puntos fuertes. Hay cosas que se te dan realmente
bien. Ser un chico es una tarea activa e intrépida,
pero ser un caballero no quiere decir que intentes

negar todo lo que te conviertes en quién eres. La mejor descripción de ser un caballero es *fuerza controlada*.

Piensa en un auto. Tiene un acelerador que hace que se mueva. Como este vehículo, un caballero se mueve con cuidado para no dominar las conversaciones, los juegos o las situaciones. Permanece fuerte, pero en control. Independientemente de la ocasión, ser un caballero es una buena decisión.

Señor, tú quieres que use toda buena cualidad que poseo, pero también que mantenga esas fuerzas controladas. Jesús hizo eso cuando caminó sobre la tierra. Ayúdame a ser un caballero que controla sus respuestas y sus acciones. Amén.

68

En busca de chicos sabios

En cambio, la sabiduría que desciende del cielo es ante todo pura, y además pacífica, bondadosa, dócil, llena de compasión y de buenos frutos, imparcial y sincera.

SANTIAGO **3.17** NVI

Quieres ser sabio, ¿no es así? Quieres que Dios te ayude a aprender las cosas que deberías saber, responder a los demás de un modo que le honre y sea la prueba de que estás caminando con Aquel que te rescató.

La sabiduría de Dios es pura. No está influenciada por el odio, la venganza o el enojo. Es un modelo perfecto a seguir.

La sabiduría de Dios ama la paz, lo que significa que no está interesada en la batalla, sino en demostrar las cualidades de una solución pacífica.

La sabiduría de Dios es considerada, porque busca honrar a los demás.

La sabiduría de Dios es sumisa y presta atención a la historia completa.

La sabiduría de Dios es misericordiosa y ofrece perdón.

La sabiduría de Dios es imparcial y nunca toma decisiones basadas en donde vives o en tu trasfondo cultural.

La sabiduría de Dios es sincera y nunca engañosa.

Podrías querer la sabiduría de Dios para ti. Ella se interesa por lo que Él ya declaró y sustrae emociones a los problemas, de manera que cuando se toma una decisión es justa porque se han considerado todas las facetas.

Amado Dios, tú quieres que muestre sabiduría en mis decisiones. Parece más fácil tomar una decisión y disculparse más tarde, pero tú quieres que sea sabio antes de optar por una opción. Ayúdame a ser lo bastante paciente como para reflexionar en cada problema. Amén.

69

El condicionamiento de la piedad

El entrenamiento físico es bueno, pero entrenarse en la sumisión a Dios es mucho mejor, porque promete beneficios en esta vida y en la vida que viene.

1 TIMOTEO 4.8 NTV

Puedes asistir a una clase de potencia y acondicionamiento físico en la escuela o tal vez de Educación Física. Quizás te guste correr, practicar deporte o nadar. Este tipo de entrenamiento suele hacer que te sientas bien.

Cuando sales a hacer deporte tienes que asistir a muchos entrenos, disputar muchos partidos y mantenerte en forma para estar preparado.

El apóstol Pablo afirmó que este tipo de entrenamiento es buena cosa. Cuando estaba vivo, los deportes importantes eran las carreras a pie o en pistas y los juegos de campo. Las personas entendían que la práctica era necesaria para esas carreras, y admiraban a los que se entrenaban a fondo.

Pablo afirmó que el mismo compromiso de vivir al estilo de Dios era incluso mejor. ¿Por qué? El beneficio de este entrenamiento es útil mientras vivamos en la tierra y cuando lleguemos al cielo.

¿Y si dedicáramos tanto tiempo y esfuerzo a vivir a la manera de Dios como en la preparación de los deportes?

Dejar trabajar a Dios por medio de nosotros podría cambiar el mundo.

Señor, tú tienes un plan de ejercicios para mi alma, y me quieres formar. Ayúdame a tomarme el tiempo, invertir energía, ponerme en forma y aprender del mejor. Ojalá que las cosas que aprenda ayuden a quienes te necesitan. Amén.

70

Lecciones en el aprendizaje

*Por ese tiempo, los discípulos se acercaron a Jesús
y le preguntaron: ¿Quién es el más importante en
el reino del cielo? Jesús llamó a un niño pequeño
y lo puso en medio de ellos. Entonces dijo... el
que se vuelva tan humilde como este pequeño
es el más importante en el reino del cielo.*

MATEO 18.1-4 NVI

E n la época de Jesús los niños empezaban
aprendiendo ciertos pasajes de las escrituras
desde la temprana edad de tres años. Comenzaban
a leer la Biblia entre los cinco y los seis años.
Aprendían la Mishná a los diez y estudiaban el
Talmud a los quince. Los niños estaban en un
estado constante de aprendizaje. Ninguno de ellos
sentía que pudiera ponerse junto a su maestro y
empezar a dirigir la clase. De modo que cuando los
discípulos iniciaron la discusión unos con otros
y preguntaron «¿Quién es el más importante en

el reino de los cielos?», estaban peleando por una posición de liderazgo.

El entrenamiento espiritual lleva toda una vida. ¿Quieres ser grande en el reino de los cielos? No imagines que sabes tanto o más que tus maestros. Humíllate. Sé como los niños de la época de Jesús... en estado constante de aprendizaje.

Señor, me gusta que otros sepan lo listo que soy.
Me duele verdaderamente admitir que no sé algo.
Pero esto es lo que tú dijiste que debo hacer si quiero
ser grande en tu reino. Ayúdame a ser humilde, a
descubrir siempre cosas nuevas. Amén.

71

Secretos traicionados

*El chismoso traiciona la confianza; no te
juntes con la gente que habla de más.*
PROVERBIOS 20.9 NVI

L as personas tienen que confiar en ti cuando
comparten algo que no quieren decirle a nadie
más.

Imagina que te hacen jurar guardar un secreto.
Prometes solemnemente guardar silencio. El secreto
se comunica y tu amigo se marcha creyendo que su
confianza está a salvo. En lo que a ti concierne *está* a
buen recaudo. No tienes planes de contárselo a nadie.

Sin embargo, cuanto más piensas en ello más
impresionante y poderoso se vuelve el secreto.
Sabes algo de lo que nadie más está al corriente. De
repente, consideras la idea de compartir el secreto.
Cuanto más te empeñas en detenerla, más quiere
salir.

Cuando las palabras empiezan a caer de tus labios en oídos ajenos, piensas que la única forma de minimizar el daño es hacer jurar a esa persona que guardará el secreto, pero el ciclo ya está en marcha para reiniciarse y comenzar de nuevo con peores resultados.

La Biblia nos conmina a dejar de chismorrear, y después nos insta a permanecer los de los chismosos.

Un chisme traiciona a otra persona, difunde información que podría no ser verdad y que puede herir a la persona que confió el secreto.

Amado Señor, tú quieres que sea un amigo fiable. Ayúdame a negarme a chismorrear. Si estoy preocupado por mi amigo, dame el valor de hablar con un adulto, pero nunca con otro amigo. Ayúdame a orar por aquellos que confían en mí, porque siempre puedo hablar contigo sobre cualquier cosa. Amén.

Para el Dios que lo tiene todo

*¡Reconozcan que el SEÑOR es Dios! Él
nos hizo, y le pertenecemos;
somos su pueblo, ovejas de su prado. Entren
por sus puertas con acción de gracias;
vayan a sus atrios con alabanza. Denle
gracias y alaben su nombre.*

SALMOS **100.3-4** NTV

El núcleo central mismo de la gratitud es el entendimiento de que alguien es más importante que nosotros. No podemos dar gracias a una persona si no reconocemos que hizo algo por nosotros que no podíamos realizar solos, por mucho que nos esforzáramos.

Con el fin de mostrarle gratitud a Dios, debemos reconocer que Él es Dios. Admitimos que Él nos hizo y que cuida de nosotros.

Por ello entonamos canciones de alabanza y adoración en la iglesia. Le decimos a Dios en cánticos que somos su pueblo y que estamos agradecidos por todo lo que Él hace. Vemos todas las cosas hermosas que creó, y es lo bastante impresionante como para no poder evitar adorarle. Hasta su nombre es tan honorable que no deberíamos usarlo nunca de un modo deshonroso.

Siempre hemos sido importantes para Dios. Tal vez sea bueno preguntarse: «¿Cuánta importancia tiene Dios para nosotros?».

Señor, yo no podría haber hecho nada de lo que tú has hecho por mí. Me diste la vida, me ofreciste el rescate, el perdón y la gracia. Compartes conmigo tu creación. Me das valor, esperanza y amor. Soy tuyo. Tú eres mío. Estoy agradecido porque tú eres más grande. Amén.

Hablando con Dios

El Señor le dijo: Sal y ponte de pie delante de mí, en la montaña. Mientras Elías estaba de pie allí, el Señor pasó, y un viento fuerte e impetuoso azotó la montaña. La ráfaga fue tan tremenda que las rocas se aflojaron, pero el Señor no estaba en el viento. Después del viento hubo un terremoto, pero el Señor no estaba en el terremoto. Pasado el terremoto hubo un incendio, pero el Señor no estaba en el incendio. Y después del incendio hubo un suave susurro.

1 Reyes 19.11-12 NTV

¿Has estado enojado alguna vez con Dios? Quiero decir, realmente enfadado Podría ser que las cosas en tu vida no van como querrías ¡y te preguntas dónde está Dios!

La Biblia nos habla de un hombre llamado Elías. Era un profeta de Dios y acababa de ser usado para realizar un milagro poderoso. Pero ahora, la esposa del rey había puesto precio a su vida. Elías huyó

asustado, y se escondió. Al final, Dios le pide que se ponga en pie sobre un monte. Allí hay vientos potentes, un terremoto y un fuego, pero nada de esto era Dios. Él empezó a habar en un suave susurro.

En ocasiones esperamos que Dios nos rescate con una demostración grande y atronadora de poder. Nuestra conversación con Él se convierte en una lista de deseos o exigencias. Está bien comunicarle cómo nos estamos sintiendo. Elías actuó así. Pero es necesario esperar y escuchar el suave susurro de Dios.

Padre celestial, gracias por preocuparte de lo que estoy experimentando. Ayúdame a buscarte en el silencio. ¡Estoy escuchando, Señor! Amén.

Fiable para el encargo

*Manténganse libres del amor al dinero, y
conténtense con lo que tienen, porque Dios ha
dicho: «Nunca te dejaré; jamás te abandonaré».*
HEBREOS **13.5** NVI

Que un cristiano sea avaricioso equivale a
afirmar: «Dios, sé que hiciste los planetas,
las estrellas y el espacio. Sé que creaste las aguas,
las rocas y el cielo. Hiciste una obra impresionante
al crear a los peces, los animales y las aves. Sin
embargo, no estoy del todo seguro de que seas fiable
para encargarte de mí».

El dinero es útil. Es importante ocuparse de
una familia, pagar las facturas y comprar regalos.
El dinero también es algo que se puede adorar.
Podemos amar el dinero, querer tener una colección
creciente de monedas, y buscamos todo tipo de
formas de conseguir más. En casos realmente malos
olvidamos las cosas importantes de la vida. Nuestras

familias se vuelven menos importantes, ayudar a otros es algo raro, y compartir nuestro dinero es prácticamente imposible.

Dios quiere que nos guste lo que tenemos, que compartamos lo conseguido y que vivamos como si Él fuera el Único al que necesitamos, porque al final descubriremos que la satisfacción, el dar y la confianza son cosas que nos ayudan a ver su amor con mayor claridad.

Jesús, tú quiere que crea que tú puedes cuidar de mí, y que lo harás. Cuando soy avaricioso demuestro que no pienso que puedas ser digno de confianza. Ayúdame a estar satisfecho con tus dones, impresionado por tu ayuda y abrumado por tu amor. Amén.

Una voz clara

*El Señor dice: «Te guiaré por el
mejor sendero para tu vida;
te aconsejaré y velaré por ti.*
SALMOS 32.8 NTV

Los autos nuevos llevan programas computerizados de mapas conocidos como GPS. Hablan con una voz agradable y te aconsejan de girar a la izquierda, a la derecha, cambiar de sentido, cuándo has llegado a tu destino, si necesitas recalcular y hacerte saber si no te entiende.

Un hombre usó su GPS para llegar a casa de un amigo. Nunca había estado allí antes y prestó suma atención a las directrices. La unidad de GPS le indicó que girara a la izquierda. Lo hizo, y se encontró en mitad de un campo.

Por fiable que pudiera ser un GPS, Dios nunca se ha equivocado respecto a la senda que tú deberías

tomar. Su Palabra nos señala dónde ir, y Él siempre vela sobre nosotros.

Es posible que no oigamos su agradable voz decir: «Gira a la izquierda y encontrarás a un hombre que necesita saber más sobre mí», pero su Palabra nos indica que es necesario saber qué estamos aprendiendo. Su voz se oye con la mayor claridad en las palabras de la Biblia. Lee a diario y evita la confusión.

Amado Señor, tú no quieres que yo sea confundido. Guía tú y, si estoy prestando atención, yo sigo. Ayúdame a ver tus palabras como directrices para mi vida, esperanza para mi alma y sabiduría para mi viaje. Ayúdame a amarte lo bastante para seguir. Ayúdame a seguirte lo bastante como para convertirlo en una costumbre. Amén.

76

La vida: fuera de equilibrio

Ustedes dicen: «Se me permite hacer cualquier cosa», pero no todo les conviene. Y aunque «se me permite hacer cualquier cosa», no debo volverme esclavo de nada.

1 CORINTIOS 6.12 NTV

Cuando tu familia quiere que consumas una comida *equilibrada* es probable que comas más de un tipo de alimento. Las verduras y la fruta harán su aparición, pero otras cosas también completarán el menú. Es posible que te canses de una dieta a base de pan, zumo o incluso bocadillos.

Dios nos dio muchas cosas para disfrutar, pero cuando hacemos una sola nuestras vidas pueden perder el *equilibrio*. Podemos comer numerosos alimentos diferentes, de manera que no tienes por qué decantarte por la piel de cebolla y refresco de limón.

También deberíamos equilibrar las actividades en las que nos involucramos, incluido nuestro tiempo frente a las pantallas. Cualquier cosa que nos haga pensar o hacer algo que parezca más importante que seguir a Dios hace que se pierda el equilibrio.

Cuando seguimos haciendo cosas que nos apartan de Dios, se convierten en hábitos difíciles de romper y no permiten que Él ofrezca sabiduría.

¡Señor, tú haces tantas cosas que yo disfruto!
Ayúdame a descubrir la belleza en tu creación.
Ayúdame a notar cuándo estoy prestando demasiada atención a algo que cautiva mis pensamientos, y me complica el escucharte a ti. Amén.

77

Dios me hizo ¡Ah-sombroso!

Tú creaste mis entrañas; me formaste en el vientre de mi madre. ¡Te alabo porque soy una creación admirable! ¡Tus obras son maravillosas, y esto lo sé muy bien! Mis huesos no te fueron desconocidos cuando en lo más recóndito era yo formado, cuando en lo más profundo de la tierra era yo entretejido. Tus ojos vieron mi cuerpo en gestación: todo estaba ya escrito en tu libro; todos mis días se estaban diseñando, aunque no existía uno solo de ellos.

SALMOS **139.13-16** NVI

¿Tienes algún hermano o hermana pequeños? ¿Tal vez un primo más pequeño o niños en tu vecindario? Tal vez mamás y papás emocionados han mostrado imágenes de cuando eran bebés ¡o incluso antes de que nacieran!

Dios no dejó de crear con Adán y Eva. Cada niño es una imagen de su mano obrando Y lo que es verdad sobre los demás también lo es respecto a ti.

Fuiste entretejido por la mano de Dios. ¡Imagínatelo! La Biblia declara: «Te alabo porque soy una creación admirable». Las palabras creación *admirable* y *maravillosa* significan «una obra asombrosa y distinta». ¡Es lo que tú eres! ¡No hay nadie más como tú, y Dios te hizo asombroso!

Gracias, Dios, por crearme. ¡Soy una obra tuya asombrosa! Ayúdame a recordar siempre esto y alabarte por ello. Amén.

78

¿Odio disfrazado?

*La gente podrá encubrir su odio
con palabras agradables,
pero te están engañando. Fingen ser
amables, pero no les creas;
tienen el corazón lleno de muchas maldades. Aunque
su odio esté encubierto por engaños,
sus fechorías serán expuestas en público.*

PROVERBIOS 26.24-26 NTV

¿Te ha odiado alguna vez alguien con amabilidad? Por lo general, si no le gustas a alguien te deja de lado, y todos los demás lo saben. No oculta el odio.

Las personas que te odian, pero actúan como si no fuera así, piensan que te han engañado. Normalmente no es así. Podría ser algo en su mirada, una línea firme en su rostro o su forma de expresarse. Podrían estar intentando calcular todo el

tiempo cómo buscar venganza por lo que creen que les has hecho.

Podrías intentar hablarles para descubrir qué es lo que sucede, pero es posible que esta persona siga actuando como si todo fuera perfecto. Lo último que querrías hacer es disgustarlos de manera intencionada. Dios quiere que, de ser posible, estés en paz con todos. A veces esto no es factible, pero busca siempre la paz en primer lugar.

Amado Dios, tú quieres que sepa que el odio es una emoción que se debe evitar. Es como el fuego para un trozo de leña. Sigue ardiendo hasta que no quedan más que cenizas. El odio consume a una persona, y otros pueden verlo suceder. Tu mejor respuesta al odio es el perdón y el amor. Ayúdame a optar por tu mejor elección. Amén.

79

Días malos

*Los justos claman, y el SEÑOR los oye;
los libra de todas sus angustias. El SEÑOR está cerca de
los quebrantados de corazón,
y salva a los de espíritu abatido. Muchas son las
angustias del justo,
pero el SEÑOR lo librará de todas ellas.*

SALMOS 34.17-19 NVI

Si los cristianos tienen también malos días, ¿qué convierte su vida en algo mejor que la de quienes no siguen a Jesús?

La Palabra de Dios está llena de personas que tuvieron días muy malos. Daniel pasó tiempo con leones, David fue perseguido por Saúl, Moisés vivió con gente que se quejaba y los hermanos de José lo vendieron como esclavo.

En cada historia, estos hombres tomaron sus días malos y le hablaron a Dios sobre ellos. Él los rescató del impacto de los malos días. Esto no significaba

que no tuvieran problemas jamás, sino que cuando esto sucedía Dios les dio todo lo que necesitaban para afrontar los tiempos difíciles.

Dios permanece cerca de los que se sienten pisoteados. Escucha. Rescata. Ama.

¿Vale más servir a Dios que rechazar el rescate? Daniel, David, Moisés y José así lo creyeron.

Padre celestial, tú quieres que yo sepa que cuando las cosas parecen desesperadas, tú me puedes rescatar. Tus palabras declaran: «El justo puede tener muchos problemas, pero el Señor lo libra de todas ellas». En ocasiones tú me das la respuesta, pero a veces me proporcionas la fuerza para salir adelante en los días malos. Gracias por pensar lo bastante en mí como para ayudarme en días a los que nunca querría enfrentarme. Amén.

80

Muestra algún respeto

Pues ustedes son libres, pero a la vez, son esclavos de Dios, así que no usen su libertad como una excusa para hacer el mal. Respeten a todos y amen a la familia de creyentes. Teman a Dios y respeten al rey.

1 PEDRO 2.16-18 NTV

El entrenador de Tim se había tomado el día libre y dejó a su ayudante a cargo del entrenamiento del equipo. Este siempre empezaba con estiramientos y calentamiento. Cuando Tim y los demás niños estaban acabando los saltos de tijera, oyeron tronar la voz que decía: «¡Otra vez!». Un tanto confusos, repitieron los saltos. Cuando casi estaban acabando, el entrenador gritó: «¡Otra vez!». Cuando algunos de los niños preguntaron por qué, el hombre respondió: «¡Dejan mucho que desear! ¡Sus manos tienen que dar una palmada y las piernas tienen que extenderse y formar una A». Tim se sentía frustrado y enojado. La cuarta vez que realizaron los saltos, hizo chocar sus manos, y estampó los pies en el suelo. Varios compañeros de equipo se rieron de sus payasadas. Pero también humillaron al entrenador.

En apariencia, Tim estaba haciendo exactamente lo que el entrenador estaba pidiendo, ¿verdad? Pero todos percibieron su motivación. Estaba repleta de mala actitud.

La obediencia puede ser dura, pero Dios nos insta a respetar a nuestros líderes y a someternos a ellos en nuestra vida. Tim escogió permitir que el enojo dominara su temor de Dios. ¡Pero tú no tienes por qué hacerlo! Escoge obedecer.

Señor, quiero respetar a mis maestros y a mis entrenadores. En ocasiones resulta difícil, pero tus palabras son claras. ¡Ayúdame a obedecer! Amén.

81

Escucha

*Y él [Dios] da gracia con generosidad. Como
dicen las Escrituras: «Dios se opone a los
orgullosos pero da gracia a los humildes.*
<small>SANTIAGO</small> **4.6** NTV

al vez seas un chico que puede tomar una
hogaza de pan, un trozo de papel de dibujo, una
grapadora y dos sellos, y descubrir una forma de
resolver el hambre en el mundo. Eres inteligente y se
te ocurren algunas soluciones impresionantes.

Tal vez seas alguien que puede reparar cosas.
Los problemas con las computadoras no son un reto
para ti. Tu familia y tus amigos recurren a ti como
solucionador de problemas y tú te ocupas de ellos.

Cuando eres realmente bueno en algo, puedes
empezar a pensar que tal vez lo seas lo bastante como
para resolver tú solo los mayores inconvenientes de
la vida. Cuando otros luchan, tú tienes respuestas.

El problema es que nunca serás Dios. Por inteligente e ingenioso que puedas ser, no tienes todas las respuestas. Necesitas a Dios tanto como cualquier otro. Siempre tienes más que aprender.

Busca la humildad, honra a Dios y presta atención. Él tiene grandes cosas que enseñar cuando escuchamos.

Amado Dios, tú no quieres que piense que poseo todas las respuestas. Es bueno ser inteligente y ayudar a los demás. Es increíble conocer al Dios que creó la sabiduría. Ayúdame a buscar siempre y a pedir tu ayuda aun cuando crea tener ya una solución. Tu camino es perfecto, y yo me vuelvo sabio cuando pido ayuda. Amén.

82

Rescatado

*Esta justicia de Dios llega, mediante la fe en Jesucristo,
a todos los que creen. De hecho, no hay distinción, pues
todos han pecado y están privados de la gloria de
Dios, pero por su gracia son justificados gratuitamente
mediante la redención que Cristo Jesús efectuó.*

ROMANOS 3.22-24 NVI

Probablemente hayas oído decir que no
alcanzamos el estándar de perfección de Dios.
Quebrantar una sola de sus leyes es como romperlas
todas. Un pecado demuestra que no eres perfecto, y
Dios solo puede aceptar la perfección.

Tampoco importa de dónde procedas. Nadie
consigue privilegios especiales. Todos meten la pata,
y Dios lo sabe.

Las cosas pueden parecer un desastre. Es
como si estuviéramos perdidos. Se diría que
independientemente de lo que hagamos, jamás
complaceremos a Dios.

Jesús, el Hijo de Dios, vino a la tierra a vivir con los seres humanos, pero por primera vez alguien *era* perfecto. Jamás pecó. Siempre estuvo a la altura. Nunca quebrantó la ley de Dios. Y nos amó.

Jesús estaba en misión de rescate. Cuando murió en la cruz fue el sacrificio perfecto. Hizo posible que Dios viera perfectos a aquellos que le seguían. Resucitó de los muertos para que cuando nos quedemos cortos, Jesús pueda arreglar las cosas.

Padre, tu ofreciste tu mejor regalo para que yo pudiera hablar contigo. Gracias por enviar a Jesús a rescatarme. Al aceptar tu mejor don de rescate ha cambiado mi vida, me ha sobrecogido y me ha proporcionado una razón para estar agradecido.
Amén.

83

¿Quién lleva tus cargas?

Luego dijo Jesús: «Vengan a mí todos los que están cansados y llevan cargas pesadas, y yo les daré descanso.
MATEO 11.28 NTV

¿Tienes una autoestima alta? Algunas personas se preocupan de que otros no sientan que importan de verdad, de modo que intentan ayudarlas a sentirse mejor consigo mismas. No quieren ver que alguien se quede fuera, y se esfuerzan para incluirlos a todos.

La Palabra de Dios comparte ejemplos de personas que no están incluidas, que a menudo quedaban solas y que luchaban con cómo gestionar los problemas a los que se enfrentaban.

Jesús les indicó a quienes quisieron escucharle que sabía que estaban llevando cargas. Sabía que las cosas parecían imposibles. Les invitó a venir a Él. Quería estar al corriente de sus luchas. Estaba

dispuesto a escuchar. Después de prestarles oído, ofrecía darles descanso, tomando sus cargas sobre sí.

Siempre nos sentiremos mejor respecto a nosotros mismos cuando el amor de Dios se encuentra en lo profundo de nuestros corazones. Te ama lo bastante como para escucharte y puedes confiar en que se ocupará bien de tus cargas más pesadas.

Al final no debería sorprendernos que valoremos más a Dios que a nosotros mismos y que nos esforcemos para compartir sus buenas nuevas con los demás.

Señor, tú quieres que confíe en que tú te preocupas lo bastante por mí como para prestar atención a aquello que me molesta. Gracias por escuchar y por estar dispuesto a tomar mi carga. Ayúdame a estar abierto a entregarte mis luchas más duras a ti. Amén.

84

Videojuegos

Y ahora, amados hermanos, una cosa más para terminar. Concéntrense en todo lo que es verdadero, todo lo honorable, todo lo justo, todo lo puro, todo lo bello y todo lo admirable. Piensen en cosas excelentes y dignas de alabanza.

FILIPENSES 4.8 NTV

Adam amaba los videojuegos. Tenía una PS4 y una Wii, pero lo que de verdad quería era una Xbox como sus amigos. Sus padres le dijeron que si trabajaba y ganaba el dinero para ello, podía comprarla. Realizó tareas extrañas para todo aquel que lo contratara y ahorró durante varios meses. Por fin llegó el día de comprar el sistema. ¡Estaba emocionado! No podría esperar para comprar algunos juegos con los que jugar en su nueva Xbox.

¿Eres como Adam? ¿Te gusta jugar con videojuegos? ¿Cómo escoges los juegos y cuales no eliges? ¡Son tantos los juegos que hay por ahí!

Desde los infantiles a los violentos y todo lo que hay entremedio. A veces es difícil saber dónde trazar nuestras líneas.

La Biblia nos proporciona una directriz a seguir: llena tu mente con todo lo verdadero, lo justo y lo puro. Si nuestros pensamientos se apartan de lo que es bueno cuando estamos con los videojuegos, es hora de reconsiderar el juego.

Señor, gracias por las directrices sobre aquello con lo que debería llenar mi cabeza. Ayúdame a elegir mis juegos con sabiduría. Amén.

85

La necesidad de interceder

Así que recomiendo, ante todo, que se hagan plegarias, oraciones, súplicas y acciones de gracias por todos, especialmente por los gobernantes y por todas las autoridades, para que tengamos paz y tranquilidad, y llevemos una vida piadosa y digna. Esto es bueno y agradable a Dios nuestro Salvador, pues él quiere que todos sean salvos y lleguen a conocer la verdad.

1 TIMOTEO 2.1-4 NVI

Puggles era un perro perdido que Manuel se encontró. El animal estaba hambriento, así que el chico le dio un bocado de su sándwich. Ese fue el principio de su amistad. Manuel siempre había querido tener un perro, pero su familia insistió en que pegara carteles para ver si Puggles era la mascota perdida de alguien. Nadie apareció para reclamar al perro, y con cada día que pasaba su amistad creció.

Un día, Manuel insistió e intercedió por Puggles. Expuso todas las razones por las que el perro debía encontrar un hogar con su familia.

Dios también quiere que intercedamos por otros. Nos levantamos para apoyarlos cuando oramos a Él por y sobre ellos. Cuando las personas no pueden orar, tal vez se suponga que seamos nosotros quienes lo hagamos.

Amado Señor, tú quieres que interceda por otros cuando ellos no pueden orar por sí mismos. Ayúdame a mostrar amor pidiéndote que tú te ocupes de ellos. Debería mediar por las personas enfermas y también por las que necesitan conocerte. Ayúdame a interesarme los bastante por los demás como para interceder. Amén.

86

Fiel en la acción

Los perezosos ambicionan mucho y obtienen poco,
pero los que trabajan con esmero prosperarán.
PROVERBIOS 13.4 NTV

Algunas personas le temen al trabajo duro. Encuentran una excusa cada vez que se les pide que hagan algo. Tienen grandes sueños sobre cosas hermosas, pero lo que les molesta es realizar un *trabajo*.

Las personas que podrían describirse como perezosas no solo son aquellas a las que les gusta descansar. Podrían en realidad ser muy activos, pero las cosas que hacen son esfuerzos diseñados para sacarlos del trabajo. Nunca parecen tener bastante, pero jamás quieren trabajar.

La Palabra de Dios nos indica que las personas que se esfuerzan prosperan. Tal vez no tengan mucho dinero, pero saben que el trabajo es lo que les permite

mostrar honor a sus familias, proveer para otros y contribuir en la mejora de su comunidad.

El trabajo duro también provee esperanza. Cuando trabajas aprendes cosas que te ayudan a ver un futuro espléndido. El esfuerzo puede encontrarse en las aulas de clase, en las salas de estar y en el gimnasio.

Dios trae a menudo mejores responsabilidades cuando somos fieles en aquello que ya estamos haciendo. No tires la toalla. Hazlo lo mejor posible. Siéntete satisfecho con el trabajo que puedes hacer.

Señor, tú quieres que valore el esfuerzo porque el trabajo me ayuda a sentirme satisfecho, ayuda a mi familia y me brinda la oportunidad de colaborar con los que necesitan asistencia. No quiero quejarme del trabajo, así que ayúdame a elegir una buena actitud mientras sirvo a otros. Amén.

87

Resiste al diablo

Así que humíllense delante de Dios. Resistan al diablo, y él huirá de ustedes. Acérquense a Dios, y Dios se acercará a ustedes. Lávense las manos, pecadores; purifiquen su corazón, porque su lealtad está dividida entre Dios y el mundo.

SANTIAGO 4.7-8 NTV

Cada año, en torno a Halloween, los niños se disfrazan y andan con lo de truco o trato. Monstruos, héroes deportivos, soldados y hasta algunos diablos rondan las calles.

La Biblia nos señala que deberíamos resistir al diablo. ¿Qué hacemos con las personas que se visten de diablos? ¿Las apartamos de un empujón? Estos versículos no se refieren a otros ni a disfrazarse. Santiago quiere que cada uno de nosotros nos echemos un buen vistazo a nosotros mismos y, a continuación, hagamos algo respecto al pecado en nuestra vida.

De modo que ¿cómo resistimos al diablo?
Entregando nuestra voluntad a Dios y acercándonos
más a Él. Cuando más actuamos así, más fácil
resultará mantener nuestras manos lejos de hacer lo
malo y nuestros corazones de verse dividido entre el
camino de Dios y el mundo.

*Jesús, ¡gracias por darme una forma de resistir
al diablo! Ayúdame a entregarte mi voluntad y a
confiar en ti al respecto. Haz que permanezca cerca
de ti. Ayúdame a mantener mis manos y mi corazón
limpios. Amén.*

88

Bendiciones tipo «apiladora de tubos»

Así que no nos cansemos de hacer el bien. A su debido tiempo, cosecharemos numerosas bendiciones si no nos damos por vencidos.

GÁLATAS **6.9** NTV

John consiguió un empleo en una fábrica de tubos. Se le pidió que trasladara un montón de ellos de un lado al otro del almacén. El hombre se aseguró de que estuvieran bien apilados y asegurados. El jefe quedó impresionado.

Al día siguiente, el patrón le pidió a John que volviera a colocar los tubos en su lugar original. El empleado sonrió, asintió con la cabeza, y volvió a mover los tubos con cuidado.

Durante dos semanas, el jefe hizo que John trasladara la pila de tubos entre los dos puntos. El empleado no se quejó nunca.

Lo que no sabía era que el jefe estaba buscando un nuevo director. Había sometido a muchos

trabajadores a la misma prueba antes de contratar a John. Su disposición y su esmerado trabajo ayudaron al patrón a ver que era alguien que merecía ser contratado como director.

Cuando hacemos lo que Dios nos pide, tal vez sintamos que deberíamos realizar un trabajo más importante. Dios podría tener una tarea para ti que solo es posible cuando no tiras la toalla en lo que estás desempeñando ahora.

Amado Señor, tú quieres que haga cualquier cosa que me pidas. Necesitas que haga cosas buenas que ayuden a otros, pero también que bendiga a los demás. Ayúdame a ser paciente para poder hacer lo que pides, cuando lo pides y durante todo el tiempo que lo pidas. Amén.

89

Definición del héroe cristiano

Estén alerta. Permanezcan firmes en la fe. Sean valientes. Sean fuertes. Y hagan todo con amor.
1 CORINTIOS 16.13-14 NVI

A todos nos impresionan los héroes. Por eso nos gustan los superhéroes que salvan a las personas en las situaciones peligrosas. Por esta razón leemos libros sobre personas que salvan la situación.

La Palabra de Dios nos proporciona una gran descripción de lo que necesitamos en un héroe cristiano. Es capaz de percibir cuando algo va mal. Está en guardia y se asegura de que las malas influencias estén identificadas y sean eliminadas. Permanece firme en la fe. Sabe lo que la Biblia declara y hace todo lo que puede para seguir las órdenes. Es valiente. Conoce lo que es correcto y lo hace. Es fuerte. Se encuentra en la condición correcta para servir, ayudar y mostrar honra a Dios.

Finalmente, un héroe cristiano muestra amor en todo lo que hace. Sabe la verdad, pero el amor les impide revelarla de un modo que pretenda herir a los demás. La usarán para orientar amablemente a los demás hacia Dios.

Todos nosotros podemos ser esta clase de héroe. Cuando nos preocupamos más por lo que Dios quiere que por lo que piensan los demás, estamos en el camino correcto.

Padre celestial, tú quieres que permanezca firme, que demuestre valor, fuerza y amor. Tú quieres que muestre que una fuerza que ama es una cualidad que las personas necesitan. Ayúdame a seguir órdenes, a permanecer firme y a escoger el amor como mi mejor superpoder. Amén.

Anhelar a Dios

*No amen a este mundo ni las cosas que les ofrece,
porque cuando aman al mundo no tienen el amor
del Padre en ustedes. Pues el mundo solo ofrece
un intenso deseo por el placer físico, un deseo
insaciable por todo lo que vemos, y el orgullo
de nuestros logros y posesiones. Nada de eso
proviene del Padre, sino que viene del mundo.*

1 JUAN 2.15-16 NTV

Tenemos un enemigo que quiere engañarnos
para que cambiemos las cosas de Dios por
otras divertidas: un tiempo de tranquilidad por un
videojuego, tiempo en oración por un partido de
baloncesto con amigos, el estudio de la Biblia por la
lectura de un nuevo libro de cómics.

La Palabra de Dios nos señala que siempre se nos
ofrecerá un *deseo insaciable por todo lo que vemos, y
el orgullo de nuestros logros y posesiones.*

El amor del Padre (el amor de Dios) es un amor aceptador, paciente, que te cambia y te ayuda a amar a los demás. Pero con frecuencia cambiamos el amor de Dios por el del mundo, que es divertido aunque nunca satisface, que siempre exige y solo se ama a sí mismo.

Cuando sustituimos el hambre de Dios por el deseo de aquello que solo es divertido, impresionante o que edifica el ego, habremos hecho un muy mal cambio.

¡Amado Dios, tu definición del amor es tan distinta de lo que la mayoría aceptan como tal! Tú me adviertes que no cambie tus dones por cosas que solo son divertidas. Pueden entretener, pero jamás satisfarán mi necesidad de conocerte. Ayúdame a aceptar tu amor y a transmitirlo. Amén.

Acerca de los autores

Glenn A. Hascall es un consumado escritor con créditos en casi un centenar de libros, incluidos títulos de Thomas Nelson, Bethany House y Regal. Sus artículos han aparecido en numerosas publicaciones incluido el *Wall Street Journal*. También es un locutor premiado que presta su voz a las cadenas nacionales de radio y televisión.

Devocionales de Glenn: 1, 2, 4, 5, 6, 8, 9, 11, 12, 13, 15, 16, 18, 19, 20, 22, 23, 25, 26, 27, 29, 30, 32, 33, 34, 36, 37, 39, 40, 41, 43, 44, 46, 47, 48, 50, 51, 53, 54, 55, 57, 58, 60, 61, 62, 64, 65, 67, 68, 69, 71, 72, 74, 75, 76, 78, 79, 81, 82, 83, 85, 86, 88, 89 y 90.

Tim Baker es director de los ministerios estudiantiles de Trinity Episcopal Church y catedrático de estudios bíblicos en la Universidad de LeTourneau. Es, asimismo, el editor de *YouthWorker Journal*, una publicación bimensual para adultos que trabajan con estudiantes. Tim vive en Longview, Texas, con su esposa y sus tres hijos.

Devocionales de Tim: 3, 7, 10, 14, 17, 21, 24, 28, 31, 35, 38, 42, 45, 49, 52, 56, 59, 63, 66, 70, 73, 77, 80, 84 y 87.